W0322269

Bernhard Uhde

West-östliche Spiritualität –
Die inneren Wege der Weltreligionen

Bernhard Uhde

West-östliche Spiritualität – Die inneren Wege der Weltreligionen

Eine Orientierung in 24 Grundbegriffen

Unter Mitarbeit von Miriam Münch

KREUZ

Band 6 der »Schriftenreihe West-Östliche Weisheit –
Willigis Jäger Stiftung«
Herausgeber: West-Östliche Weisheit – Willigis Jäger Stiftung

© KREUZ VERLAG
in der Verlag Herder GmbH, Freiburg im Breisgau 2011
Alle Rechte vorbehalten
www.kreuz-verlag.de

Satz: de·te·pe, Aalen
Herstellung: fgb · freiburger graphische betriebe
www.fgb.de

Gedruckt auf umweltfreundlichem, chlorfrei gebleichtem Papier
Printed in Germany

ISBN 978-3-451-61057-8

Inhalt

Vorwort

Der Versuch, wichtige Themen der west-östlichen Spiritualität in einer Sammlung von vierundzwanzig Grundbegriffen vorzulegen, ist ein Wagnis. Er wird unternommen, um eine Orientierung für das Verständnis von Spiritualität und Mystik zu geben. Dies aus dem Eindruck, dass gerade zentrale Begriffe dieser Geisteshaltungen nicht selten unscharf, oftmals sogar selbstwidersprüchlich oder austauschbar gebraucht werden. So sollen hier vorsichtige Bestimmungen dieser Grundbegriffe vorgelegt werden. Diese Bestimmungen mögen nicht als die einzig möglichen, aber als mögliche aufgenommen werden, insofern sie aus wissenschaftlicher Betrachtung entstanden sind, ohne nach Art von Fachwissenschaft vorgetragen zu werden. Der Fachwissenschaftler weiß sich selbst zu helfen und wird seine eigene Auffassung vom jeweiligen Begriffsinhalt überzeugend darzustellen wissen. Wenn auch bei den hier vorgelegten Begriffsbestimmungen unvermeidbar jeweils eigene Auffassungen einfließen, so soll damit nicht der Anspruch auf eine nachvollziehbare Darstellung aufgegeben werden. Daher sind diese Bestimmungen als eine Hilfe zur Orientierung in einem weiten Meer von Auffassungsmöglichkeiten gedacht, um dem Gedankenschiff des geneigten Lesers ein Leuchtfeuer für dessen Kurs zum Hafen der Spiritualität und Mystik anzubieten.

Die Vielzahl der »inneren Wege« der Weltreligionen ergibt eine Vielzahl von Themen. Mit der vorgenommenen Beschränkung auf die mit Bedacht gewählte Zahl Vierundzwanzig werden auch bedeutende Begriffe unberücksichtigt gelassen, und mancher der gewählten Begriffe hätte ausführlicher behandelt werden müssen. Die vorgelegte Auswahl suchte aber besonders jene Grundbegriffe vorzustellen, deren Inhalt innerhalb der Weltreligionen als verwandt gelten dürfen, so dass eine gemeinsame Struktur erkennbar werden kann. Dies kann auch dem gegenseitigen Verständnis im interreligiösen Gespräch dienlich sein.

Einige der Artikel sind von Frau Dipl.-Theol. Miriam Münch verfasst und entsprechend gekennzeichnet. Beide Autoren wissen, dass es eine Herausforderung ist, mit Sprache klären zu wollen, was sich nicht selten der Sprache entzieht. Gleichwohl haben sie diese Herausforderung dankbar angenommen, da sie durchaus auch zur Klärung der eigenen Vorstellungen von Spiritualität und Mystik angeregt hat. So ist auch ein persönliches Moment in der Betrachtung dieser Grundbegriffe. Dankbar aber sind die Autoren auch Herrn Dr. Rudolf Walter vom Verlag Herder, der das Manuskript zuversichtlich und mit wichtigen Anregungen begleitet, und Herrn cand. theol. Michael Vollstädt, der zu dessen Fertigstellung stets freundlich mancherlei technische Hilfe beigetragen hat.

Freiburg i. Br. — Miriam Münch
April 2011 — Bernhard Uhde

Achtsamkeit

Vgl. Kontemplation, Meditation

Das Wort »Achtsamkeit« bedeutet in der deutschen Sprache zunächst »Aufmerksamkeit«, wird jedoch mit Kenntnis buddhistischer Traditionen zu einem Begriff, der eine besondere Form der Konzentration auf eine Sache bedeutet. Diese »Achtsamkeit« (»sati«) ist die siebte Stufe des »Achtfachen Pfades«, der vierten »Edlen Wahrheit« der Predigt des Buddha: »Was aber, ihr Mönche, ist rechte Achtsamkeit? Da wacht, ihr Mönche, ein Mönch beim Körper über den Körper, unermüdlich, klaren Sinnes, achtsam, nach Verwindung weltlichen Begehrens und Bekümmerns; wacht bei den Gefühlen über die Gefühle, unermüdlich, klaren Sinnes, achtsam, nach Verwindung weltlichen Begehrens und Bekümmerns; wacht beim Gemüte über das Gemüt, unermüdlich, klaren Sinnes, achtsam, nach Verwindung weltlichen Begehrens und Bekümmerns; wacht bei den Erscheinungen über die Erscheinungen, unermüdlich, klaren Sinnes, achtsam, nach Verwindung weltlichen Begehrens und Bekümmerns: das nennt man, Mönche, rechte Achtsamkeit [»*sammā-sati*«].« (*Majjhimanikāyo* XIV,11). So ist »Achtsamkeit« eine Form der Konzentration als Bestandteil von Meditation, indem das Objekt der Achtsamkeit konzentriert, also von anderen Gedanken und Eindrücken geschieden, betrachtet wird: »Dabei besteht das Merkmal der Achtsamkeit im Gedenken, ihr Wesen im Nichtvergessen, ihre Äußerung im Beschützen.« (Visuddhi-Magga IV,162; Nyanatiloka, *Visuddhi-Magga oder der Weg zur Reinheit.* Konstanz 2. A. 1952, S. 191).

Achtsamkeit wird in dieser Bedeutung – »konzentrierte Betrachtung eines einzelnen Objektes« – auch in anderen Religionen als meditative Übung gelehrt, wobei besonders Methoden des Zen-Buddhismus übernommen werden.

Erfahrung

Vgl. Spiritualität, Weg

»Erfahrung« ist nach Aristoteles (vgl. *Metaphysik*, I,1) jene Form menschlicher Kenntnisnahme, die aus wiederholter Beobachtung desselben Gegenstandes hervorgeht. Diese Kenntnis kennt einen Sachverhalt oder einen Vorgang, ohne Gründe für dessen Bestimmung angeben zu können oder zu wollen. So ist diese »Erfahrung« eine Kenntnis des Einzelnen, die nicht begründet oder gar zwingend an andere weitergegeben werden kann. Dieses Verständnis von »Erfahrung« hat die abendländische Geistesgeschichte lange geprägt, so dass »Erfahrung« zu einer nicht wissenschaftsfähigen Kenntnis herabgewürdigt wurde. Nun ist aber die Ansprache von Religion und Religionen durchaus an den Einzelnen und seine Erfahrungsmöglichkeiten gerichtet, zumal dann, wenn die Erfahrung als inneres Erleben gedeutet und beschrieben werden kann, sei es durch persönliche Begegnung, sei es durch Schreiten auf einem »inneren Weg«. Als vereinzelte Kenntnis entzieht sich Erfahrung nicht selten der sprachlichen Mitteilung und gewinnt dadurch Nähe zu Empfindung.

Von großer Bedeutung innerhalb religiöser Praxis ist, ob Erfahrung lehr- und lernbar sei. Bei der Beziehung zwischen Meister und Jünger spielt die Lehrbarkeit und spirituelle Übertragbarkeit von Erfahrung eine fundamentale Rolle, indem hier eine der Sprache unzugängliche und doch wirkmächtige Kenntnis weitergereicht wird. Dabei ist auch der Stufenweg der Spiritualität ein Fortschreiten auf dem Wege der inneren Erfahrung. Wenn diese zum sprachlichen Ausdruck gebracht wird, dann in Vergleichen und Sprachbildern (»Licht«, »Nacht« etc.), da hier kein Informationstransfer mehr stattfinden kann.

So ist Erfahrung eine den Einzelnen im Innersten betreffende Kenntnis, deren Sicherheit nur von der Zustimmung eben dieses Einzelnen abhängt. Daher entzieht sie ihre Inhalte auch der Überprüfbarkeit hinsichtlich ihrer Glaubwürdigkeit. Diese Glaubwürdigkeit wird durch das die Erfahrung bekräftigende Zeugnis des Erfahrungsträgers als Wahrheit behauptet, kann aber nicht an ihr selbst nachgewiesen werden. Daher ist auch die religiöse Erfahrung stets der Kritik ausgesetzt, sofern sie ihre Inhalte nicht allgemein und damit nachvollziehbar vorstellen kann. Gerade hier aber – an der kommunikablen Nachvollziehbarkeit der jeweiligen Inhalte – sind Spiritualität und manche Formen von Esoterik zu unterscheiden.

Erkenntnis

Vgl. Erfahrung, Kontemplation, Religion, Spiritualität, Weg

»Erkenntnis« ist eine Form von Einsicht, die als Ergebnis eines Weges oder als plötzlicher Vorgang eintreten kann, als Frucht von eigener Bemühung oder als Lerneffekt. Die erreichte »Erkenntnis« gilt dem Erkennenden als sicher, auch wenn ihr Inhalt, einer Erfahrung gleich, nicht so in sprachliche Form gekleidet werden könnte, dass er als überzeugend auch für Andere mitgeteilt wird. Erkenntnis ist der Form nach verwandt mit »Erleuchtung«, wobei diese als von anderer Seite her gegeben interpretiert wird.

In den Religionen bezieht sich Erkenntnis vor allem auf die prozessual oder plötzlich gewonnene Einsicht in die Wirkweise oder Wesensbestimmung eines ersten Prinzips. So ist in Judentum und Christentum die »Paradieserzählung« (Gen 3) mit der Lüge der »Schlange«, nach Genuss der verbotenen Frucht stelle sich für die Menschen Erkenntnis ein, Beispiel für plötzliches Erkennen: Das Menschenpaar, dem die Erkenntnis in die Unterscheidung von Gut und Böse verheißen war, erkennt den Unterschied zwischen sich selbst an der Nacktheit und sucht diese zu verhüllen. Erkenntnis setzt zunächst Unterschied zum Nichterkennen und Nichterkannten, um dieses vollkommen und sicher zu durchdringen oder aufzuheben. Dabei ist das erste Prinzip der jeweiligen Religion höchstes Ziel von Erkenntnis, weil es als sich selbst und alles andere erkennend gedacht wird (vgl. *Psalm* 44,22 u. a.; *Bhagavad Gītā* 7 u. a.). Diese Erkenntnis ist alle Vielheit der erscheinenden Welt durchbrechend und unmittelbare Anwesenheit beim Erkenntnisgegenstand schaffend. So wird in der islamischen Mystik Erkenntnis (»*maʿrifa*«) gekennzeichnet: »Die Erkenntnis ist das Erfassen des Wesens eines Dinges, wie es ist, d. h. das Begreifen der Wirklichkeit des Dinges und seiner Eigenschaften, so wie es ist, und zwar auf ein zweites Mal, nach Nachlässigkeit und Gleichgültigkeit. Das ist das Begreifen der Gnosis [»*ʿirfān*«] im Gegensatz zum Begreifen des Wissens (oder: der Wissenschaft), das ein Erreichen der Form des Dings in der Seele ist in Entsprechung zu dem Gewußten. Die Erkenntnis ist das Begreifen des Erkenners durch die Verbindung und das Einswerden des Erkenners mit dem Erkannten in einer Hinsicht und durch ihr Verschiedensein in anderer Hinsicht.« (Širwʿānī [gest. 1837/8], *Bustān us-siyāha* 299,5–7; zit. nach RICHARD GRAMLICH, *Die schiitischen Derwischorden Persiens II*, Wiesbaden 1976, S. 129). Erkenntnis tilgt die Differenz zwischen Erkennendem und Erkanntem, und so wird sie für Spiritualität und Mystik zu einem zentralen Ziel.

Wenn von Religionen und »Erkenntnis« die Rede ist, so kommt erstlich aber der Buddhismus in den Blick. »Erkenntnis«, auch »Erwachen« wird die alles ändernde, alles durchdringende Erkenntnis (»*bodhi*«) des Buddha genannt, die Einsicht in die Konditionalität von allem, die zur Leidbefreiung führt. So ist auch im Zen-Buddhismus »Satori« die befreiende Erkenntnis (vgl. DAISETZ TEITRO SUZUKI, *Satori. Der Zen-Weg zur Befreiung*. Bern 1953).

Erkenntnis ist auch als das Ziel der Kontemplation anzugeben. Diese Erkenntnis als Ziel des spirituellen und mystischen

Weges führt in die Anwesenheit bei oder in die Verschmelzung mit dem Höchsten. So ist Erkenntnis Selbsterkenntnis und dadurch vollkommene Einheit.

Gebet

(Miriam Münch)

Vgl. Meditation, Meister, Monismus, Übung, Weg, Welt

1. Allgemeines

Das Gebet gilt als ein Grundelement der meisten Religionen seit Anbeginn der Menschheitsgeschichte. In vielen Kulturen wird das Gebet als Notwendigkeit der *conditio humana*, des Menschseins als solchen, betrachtet. Der Mensch ist in seinem tiefsten Wesen immer auch ein betender Mensch. Unter Gebet wird im Allgemeinen die Ansprache an ein höheres Wesens, eine höhere Macht oder einen Gott verstanden. In verschiedenen Religionen ist aus dem Gedanken heraus, sich nicht direkt an die höchste Instanz wenden zu sollen, auch das Gebet zu Mittlerwesen (*Heilige*, *Bodhisattvas*) um deren Fürsprache und Hilfe möglich. Religionswissenschaftlich betrachtet liegt dem Gebet ein bestimmtes Verständnis der Welt als Schöpfung zugrunde, etwas, das zu Gott bzw. dem Göttlichen gehört, nun aber von ihm abgetrennt existiert. Um diese Trennung zwischen dem Menschlichen und dem Göttlichen zu überwinden, sei es auch nur zeitweise, dient das Gebet als Brücke.

Im deutschen Sprachgebrauch meint Gebet sowohl den Akt des Betens als auch einen vorformulierten bzw. überkommenen Gebetstext. Entgegen psychologisch orientierten Tendenzen in der Religionswissenschaft, nach denen als »wahres« Gebet nur das unmittelbare Herzausschütten des Einzelnen vor Gott gilt und das vorformulierte Gebet, der Gebetstext, eher als Ausdruck einer dogmatisch festgelegten Religion aufgefasst wird, wird heute wieder stärker der Fokus auf Gebetstexte als Quellen des authentischen Glaubens des Einzelnen und der Gemeinschaft gelegt. Dem liegt das Wissen darüber zugrunde, dass der Glaube auch des Einzelnen aus Traditionen lebt und auf religiöses Lernen durch glaubwürdige Vorbilder angewiesen ist. Dementsprechend ist ein weiteres Merkmal der meisten Religionen, dass sich der gelebte Glaube in Gemeinschaft vollzieht, die die Überlieferung der religiösen Tradition wie auch den Einzelnen in seinem Lebensvollzug trägt. Um sich als Gemeinschaft auch im Glaubensvollzug zu konstituieren, sind gemeinsame Riten nötig, zu denen überkommene Gebete gehören. Diese haben oftmals den Charakter eines Bekenntnisses zum überlieferten Glauben und auch zur religiösen Gemeinschaft (z.B. *Sch´ma Israel*, *Vater Unser*, *Basmala*). Sie geben dem Einzelnen die Möglichkeit, mitgenommen zu werden auf einen Weg, sich in eine spirituelle Haltung einzuüben und Anliegen ins (vorgegebene) Wort zu fassen, für die die eigenen Worte fehlen.

Anliegen und Inhalt des Gebets sind traditionell Lob und Dank, aber auch Klage und Bitte. Aus der Vergegenwärtigung von geschichtlichen Heilstaten Gottes (z.B. in den Psalmen) oder seiner Wesenszüge (Einheit, Allmacht, Barmherzigkeit, Gerechtigkeit) erwächst die Gewissheit, dass die Gottheit auch diesmal helfen wird. Klage und Bitte setzen jedoch ein Gegenüber voraus, das Bitten hören und aufnehmen kann, also ein personales Gegenüber. Gebet ist dann in diesem Verständnis Kommunikation und Beziehungsgeschehen. Deshalb ist Gebet im engeren Sinne ein Merkmal theistischer Religionen, also von Religionen, die ein (personales) Gottesverständnis überliefern, während man bei nichttheistischen Religionen bzw. Weisheitswegen besser von Meditation spricht.

Ein dem Gebet verwandter Begriff ist der des Opfers, das

ebenfalls eine rituelle Kontaktaufnahme mit dem Göttlichen darstellt. So lässt PLATON den literarischen SOKRATES zu Recht fragen: »Was also ist deiner Meinung nach das Fromme und Frömmigkeit? Nicht ein Sichverstehen auf Opfern und Beten?« (*Euthyphron* 14c). Die weit verbreitete Meinung, dass das Gebet als ein Akt des Wortes das Opfer, zumal das Tier- oder gar Menschenopfer, im Zug der Entwicklung und zivilisatorischen Evolution der Menschheitsgeschichte abgelöst habe, ist in dieser Form hingegen nicht haltbar. Vielmehr ist für die meisten Religionen von einem Nebeneinander der beiden Formen rituellen und sakralen Handelns auszugehen. Abgesehen davon ist auch der Opferbegriff vielschichtiger zu verstehen als das Schlachten von Tieren nach rituellen Vorgaben, um die Gottheit zu besänftigen oder nach dem Gegenseitigkeitsprinzip (*Do, ut des*) eine dem Opfer entsprechende Gegenleistung zu erhoffen. Gemäß der zeitgenössischen Sprechaktforschung ist auch ein nur gesprochenes Gebet eine Tathandlung, ein performativer Akt. In der mystischen Ausprägung von Religionen wird der Opfergedanke deshalb auch durch die Vorstellung des spirituellen Selbstopfers im Opfern des eigenen Willens aufgegriffen.

Die in der Religionswissenschaft oft vorgenommene Abgrenzung von Gebet und magischer Beschwörung ist hingegen empirisch schwer zu begründen und kann dem Verdacht unterliegen, dass hier aus europäischer bzw. eurozentrischer Sicht der fremden, außereuropäischen Religion Magie unterstellt wird.

2. Das Gebet in den Weltreligionen

2.1. Gebet und Beten im Judentum

Das jüdische Verständnis von Gebet, wie es in der Heiligen Schrift niedergelegt ist, stellt ebenfalls die Grundlage für das Verständnis in Christentum und Islam dar und wird im Folgenden deshalb ausführlicher dargestellt. Die Auffassung von Gebet im Judentum ist von der Überzeugung getragen, dass ein Gott existiert und dass er als ein personaler Gott das Beten, Bitten und Flehen des Menschen hören und auch beantworten kann. Diese Beziehung zu Gott ist maßgeblich durch den Gedanken geprägt, dass Gott den Menschen als sein Ebenbild geschaffen hat (Gen 1,26–27) und sich deshalb an ihn als ein echtes »Du« wenden kann. Das Gebet ist getragen von der menschlichen Suche und Sehnsucht nach Gott, wie sie im berühmten Psalm 42,2f. zum Ausdruck kommt: »Wie der Hirsch schreit nach frischem Wasser, so schreit meine Seele, Gott, zu dir. Meine Seele dürstet nach Gott, nach dem lebendigen Gott.« Dem Dürsten entspricht dabei der Wunsch, vor Gott das Herz auszuschütten, wie es in Ps 62,8f. heißt: »Bei Gott ist mein Heil, meine Ehre, der Fels meiner Stärke; meine Zuversicht ist auf Gott. Hoffet auf ihn allezeit, liebe Leute, schüttet euer Herz vor ihm aus; Gott ist unsre Zuversicht.« Demgemäß hat das Gebet so viele Formen wie menschliche Gefühlsregungen, Sehnsüchte und Bedürfnisse, sei dies nun die vertrauensvolle Bitte, sei es die Konfrontation mit den eigenen Nöten, z.B. im Buch Ijob, Ausruf, Glaubensbekenntnis, Meditation, vergegenwärtigende Erinnerung, Lob und Dank, Anbetung oder Fürbitte.

Den großen Lehrern des Judentums, den Rabbinen, galt das Gebet als »Gottesdienst des Herzens« (Babylonischer Talmud, Traktat Ta'anit 2a). Das Wort für Gottesdienst *avodah* stellt einen Bezug zum Tempelkult mit seiner Opferpraxis her, der durch das Gebet ersetzt wird. Eine Auslegung wendet sogar ein, dass Gott das Gebet lieber sei als gute Werke und Opfer (Babylonischer Talmud, Traktat Berakhot 32b), was die zentrale Bedeutung des Gebets untermauert. Das Spektrum des in der Bibel belegten Gebets reicht dabei von den grundlegendsten materiellen Nöten bis zu den höchsten spirituellen Bedürfnissen, oft, wie in der Prophetie, den Horizont der Geschichte noch überschreitend und in den Bereich der Eschatologie vordringend.

Zwischen Opfer und Gebet bestand seit jeher eine Verbindung, die bis zur Zerstörung des Zweiten Tempels (70 n. Chr.) Bestand hatte. Das Opfer stand für die Unterwerfung des menschlichen Willens vor Gott; das Gebet hatte zunächst kommentierende oder widmende Funktion. Die Verbindung war allerdings, bis auf die Opfer am Versöhnungstag (Lev 16,21), nicht obligatorisch, so dass das Opfer auch als eine dramatische Form des Gebets aufgefasst werden konnte und so, nach der Zerstörung des Tempels, das synagogale Gebet zusammen mit der Toralesung das Tempelopfer ersetzen konnte (vgl. Ps 141,2).

Die Heilige Schrift schreibt keine bestimmten Gesten im Zusammenhang mit dem Gebet vor. Allerdings stehen bestimmte Gesten und Körperhaltungen in einem natürlichen Zusammenhang mit dem Inhalt des Gebets, dem sie Ausdruck verleihen, so beispielsweise Stehen, Knien, sich Niederwerfen, ein gesenktes Haupt, ausgestreckte oder erhobene Hände, das Gesicht zwischen den Knien bergend und sogar Sitzen. Wichtiger sind die Begleithandlungen des Gebets wie Fasten, Trauer, Klagen oder Weinen, als wichtigstes Kriterium gilt aber bis heute die Ernsthaftigkeit des Herzens, die im hebräischen Wort *kavvanah* zum Ausdruck kommt und die rechte Ausrichtung oder Konzentration meint; der Beter soll sich stets darüber im Klaren sein, dass seine Worte in Gottes Gegenwart geäußert werden. Wer aus seinem Gebet eine zu erledigende Aufgabe macht, der betet nicht wirklich. Die Ausrichtung des Herzens ist so wichtig, dass es sogar z. B. nach einer Reise drei Tage nicht erlaubt ist zu beten, weil es in dieser Zeit nicht möglich ist, die Gedanken zu zentrieren. So definiert der große Gelehrte des Mittelalters, MAIMONIDES, die *kavvanah* folgendermaßen: »*Kavvanah* bedeutet, dass ein Mensch seinen Geist von allen anderen Gedanken leer machen soll und sich so betrachten soll, als stünde er vor der Göttlichen Gegenwart.«

Alles in allem versteht die Heilige Schrift Gebet als geistliche, als spirituelle Brücke zwischen Mensch und Gott. Es ist ein wichtiges Mittel menschlicher Gesundung und Rettung. Wird es aus einer tiefen Verwurzelung im Glauben und moralischer Integrität heraus verrichtet, bekämpft es die menschliche Furcht. Das rechte Gebet erbittet allerdings nur den Segen Gottes für das menschliche Tun, nicht das direkte Eingreifen Gottes. Sowohl christliche als auch muslimische Liturgie wurden von Geist, Denken und Form des biblischen Gebetes stark beeinflusst.

Als Hauptgebete im Judentum gelten das *Kaddisch*, die *Amida*, auch *Tefilla*, also *Gebet schlechthin* genannt, und das *Sch'ma Israel*. Wie die meisten Religionen kennt das Judentum feste Gebetszeiten, die dreimal täglich zusammen mit anderen oder alleine verrichtet werden können. Eine besondere Bedeutung kommt dem Gebet in seiner kontemplativen Form im mystischen Judentum, insbesondere im Chassidismus zu, wo auch die Praxis der Körperbewegungen, des Tanzens und rhythmischen Sichneigens eine wichtige Rolle spielt.

2.2. Gebet und Beten im Christentum

Das Christentum beruft sich stark auf die Gebetspraxis Jesu, die sich gemäß seinem Selbstverständnis als Jude im jüdischen Kontext vollzieht. Jesus, der dem Christentum sein besonderes Verständnis von Gott als *abba*/Vater vermacht hat, nimmt seine Jünger und damit alle Christen hinein in die Praxis der vertrauensvollen Anrede Gottes, für die in besonderer Weise das Gebet *Vater Unser* steht. Beten, so wird aber deutlich, ist nicht das Äußern eigener Wünsche, sondern Ausdruck des Sich-Anvertrauens an den Willen Gottes und ein Setzen auf das Kommen seines Reichs. Dem steht jedoch (auch hier ist Jesus ganz in der jüdischen Tradition verwurzelt) stets das Gebot der Gottes- und Nächstenliebe gegenüber; der Glaube, den Jesus einfordert, ist ein bekennender und ein tätiger. Für den, der in diesem Sinne glaubt, ist alles möglich und wer so, also im Sinne des Reiches Gottes bittet, dem wird auch gegeben werden (Mk 9,23 und Mt 7,7).

Die vertrauensvolle Beziehung zu Gott, die Grundlage gerade des persönlichen Gebets ist, wird im Christentum durch die Menschwerdung Gottes in Jesus Christus begründet: Gott, der selbst Mensch wird, weil er die Menschen liebt, ist nichts Menschliches fremd. Das Leiden Christi am Kreuz kann so als Zeichen göttlicher Solidarität mit den Menschen gedeutet werden. Dass Jesu letzte Worte am Kreuz Worte des Gebets waren, lässt aus christlicher Sicht hoffen, sich in der Bedrängnis im Gebet an Gott wenden zu dürfen. Eine besondere Rolle spielt dabei der Heilige Geist, der als der *Paraklet,* als Mittler und Tröster, fungiert und selbst dann im Betenden betet, wenn diesem die rechten Worte fehlen (Röm 8,26–27).

Das Christentum kennt ganz verschiedene Gebetsformen und nicht alle sind an »hohe Worte« geknüpft: neben dem freien Gebet vor allem das Stundengebet und das liturgische Gebet in der Messfeier, das sich von einer Gemeinschaft aller Gläubigen getragen weiß. Hier liegt auch der eigentliche Ursprung des Fürbittgebets. Aber auch stillere Formen wie die vor allem von kontemplativen Ordensgemeinschaften praktizierte »ewige Anbetung« und in ihrer repetitiven Form meditative Gebete wie den Rosenkranz und das Herzensgebet oder Jesusgebet als Ausdruck eines mystisch verstandenen »sprechenden Nichtsprechens« sind Ausdruck christlicher Spiritualität.

2.3. Gebet und Beten im Islam

Islam ist die Unterwerfung unter Gottes Willen und die liebende Hingabe an ihn. Dies kommt auch im Gebet zum Ausdruck; so sind Tag und Nacht des Muslims durch das fünfmalige Pflichtgebet, *ṣalāt*, und nach Möglichkeit durch den Gebetsruf des *Muezzin* strukturiert. Für das Gebet müssen die alltäglichen Verrichtungen unterbrochen werden. Die einheitliche Form und die festen Riten machen das Pflichtgebet zu einem Ritual der Gemeinschaft und damit auch zu einem Ausdruck weltumspannender muslimischer Solidarität. Der Koran legt eindeutig für alle fest: »Das Gebet ist für die Gläubigen eine für bestimmte Zeiten festgesetzte Vorschrift« (Koran 4,103). Der Muslim darf dabei nicht einfach von der Tagesordnung zum Gebet übergehen, sondern muss sich in den so genannten Weihezustand versetzen, der vor allem die kultische Reinheit erfordert; für diese sind entsprechende rituelle Waschungen vorgesehen. Sie dienen vor allem dazu, eine Trennung vom Alltag durchzuführen und einen Zustand der inneren Reinheit, der Abkehr von Sünde und der inneren Ruhe anzunehmen und das Herz auf Gott auszurichten.

Der Islam kennt aber auch das private Bitt- oder Dankgebet des Einzelnen (*duʿā'*) sowie das mystische Gebet, vor allem den *dhikr*. Das arabische Wort *dhikr* bedeutet Gedenken und meint das im Koran geforderte Gottgedenken (vgl. Koran 18,24; 33,41 u. a.) oft durch Anrufung eines der 99 Namen Gottes; dies kann entweder laut und rhythmisch oder still und meditativ geschehen. Ebenfalls ist diese mystische Form der Gottesanbetung alleine wie auch im Rahmen eines Gruppenrituals möglich, wie es beispielsweise in den Orden der Sufis durchgeführt wird; Atemtechniken und Drehbewegungen können dabei zu einem ekstatischen Zustand führen, der als Erfahrung der Einheit mit Gott gedeutet wird. Ziel ist es, sich die Gottesgegenwart im Herzen ins Bewusstsein zu holen und diese durch Übung dort zu halten.

2.4. Gebet und Beten im Hinduismus und Buddhismus

Bereits aus der frühen vedischen Zeit ist in der indischen Religiosität eine Praxis der Ansprache an die Götter in Form von Hymnen überliefert (z. B. im *Rigveda*, ca. 1200 v. Chr.). Diese hatten jedoch durchaus utilitaristischen, d. h. die Götter beeinflussenden Charakter. Zugleich spielten Tier- und Pflanzenopfer und die sie begleitenden Gebete eine große Rolle; diese mussten korrekt ausgeführt werden, weil Fehler die Wirksamkeit des Opfers minderten.

Gemäß der Vielfalt der Hindu-Traditionen mit ganz unterschiedlichen Ausprägungen, Gottesvorstellungen und Ritualen gibt es auch keine einheitliche und festgelegte Gebetspraxis. Hier bestimmen oft Familientraditionen die Praxis des Einzelnen, wobei es auch weit verbreitete Rituale wie das Lichtkreisritual (*arati*) gibt, das morgens und abends vor dem Bild oder Emblem einer Gottheit durchgeführt und von Gebeten begleitet wird. Weit verbreitet ist auch der meditative Gebetsgesang (*bhajan*) oder die Versenkung durch das Rezitieren von *Mantras*. Besonders zentral ist das Gebet in der Praxis des *Bhakti Yoga*, dem Weg der liebenden Hingabe an Gott (*Krishna*) als Kommunikation mit dem Geliebten und als Ausdruck der Liebesbeziehung zu Gott. Auch hier spielt das vergegenwärtigende Sprechen und Singen des Gottesnamens eine große Rolle.

Im Buddhismus hingegen kann gemäß dem Selbstverständnis als Philosophie von Gebet im engeren Sinne, wie in den theistischen Religionen, nicht gesprochen werden, weil die Grundprämisse des Gebets, die Anerkennung Gottes als Schöpfer und Quelle des Lebens und alles Guten in der Welt, nicht geteilt wird. Die im Buddhismus empfohlene spirituelle Praxis kann deshalb eher als Meditation bezeichnet werden. Trotzdem weist gerade die Volksfrömmigkeit des *Mahāyāna*-Buddhismus Parallelen zur klassischen Gebetspraxis auf, wenn Bittgebete an *Buddhas* oder *Bodhisattvas* gerichtet werden.

3. Philosophische Kritik an der Gebetspraxis

In der Kritik ist von jeher vor allem das Bittgebet. Schon die griechische Tragödie (z.B. im *Heraklesdrama* des EURIPIDES), aber auch das Alte Testament (*Ijob*) werfen auf teils dramatische Weise die Frage auf, warum die Gottheit die Bitten des einen zu erhören scheint und die des anderen nicht. Dabei handelt es sich um eine Ausprägung des so genannten *Theodizeeproblems*, der Frage, wie die Vorstellung eines allmächtigen und guten Gottes mit dem Übel in der Welt zu vereinbaren sei. Das Theodizeeproblem tritt besonders da auf, wo ein Gerechter (z.B. *Ijob*) unschuldig leidet. In der modernen Literatur (FJODOR DOSTOJEWSKI, *Die Brüder Karamasow*, ALBERT CAMUS, *Die Pest*) tritt die Theodizeefrage oft als das Leiden und Sterben von Kindern auf, deren Gebete um Rettung ein Gott, so er denn moralisch wäre und eingreifen könnte, erhören müsste, da sie nicht durch eigene Schuld in eine leidvolle Situation gekommen sein können.

Im Zuge der Aufklärung kam in Form der Kritik des Wunderglaubens als weiteres Denkproblem des Bittgebetes hinzu, dass ein aufgrund von Bitten in den Weltenlauf eingreifender Gott dafür die Naturgesetze außer Kraft setzen müsste. Den Philosophen BARUCH SPINOZA brachte dies dazu, die Gesetzlichkeiten der Natur selbst als göttlich zu betrachten. Dieses Verständnis der Vorgänge der Welt als Ausdruck des einen Göttlichen, der so genannte Monismus, der auch verschiedenen Wegen östlicher Weisheit zugrunde liegt, löst zwar das Denkproblem des Eingreifens bzw. Nichteingreifens Gottes in die Welt, indem nämlich alles göttlich ist und alles von Gott kommt. Zugleich wird hier aber auch die Vorstellung von einem gerechten und barmherzigen Gott verabschiedet, der in der Allmacht seiner Liebe alles vermag und an den sich vertrauensvoll zu wenden die Gläubigen aufgefordert sind. Ein monistisches Gottesverständnis ist mit dem in den großen monotheistischen Weltreligionen überlieferten Glauben nicht zu vereinbaren; denn gibt es keinen Gott, der dem betenden Ich gegenübersteht, ist alles und auch der Betende selbst (in) Gott, dann ist auch ein vertrauensvolles Sich-Wenden an ein Du, ein Gebet im engeren Sinne, nicht möglich. Was bleibt, ist eine Spiritualität, die sich als ein Sich-Einschwingen in ein universales Gefüge mittels meditativer Übung versteht, jedoch entfällt in diesem Fall die gegenwartskritische, gegen Gegebenheiten rebellierende und damit prophetische Kraft des Gebets.

Gegenwart

Vgl. Kontemplation, Meditation, Religion, Ritus, Spiritualität, Welt

1. Wort und dessen Bedeutung

Das Wort »Gegenwart« hat eine ursprüngliche Bedeutung von »Zukehrung«, »Entgegenstehen«. Von dort aus gewinnt es eine lokale Bedeutung im Sinne von »Gegenüber«, »Anwesenheit«, vor allem beim Gericht, und damit auch eine temporale Bedeutung von »anwesend sein« (vgl. Jacob und Wilhelm GRIMM: *Deutsches Wörterbuch*. 4. Band, 1. Abtheilung, Zweiter Theil).

Für Religionen und deren Spiritualität ist »Gegenwart« ein prinzipieller Begriff. Wenn die lokale Bedeutung von »Gegenwart« gesucht wird, so erstreckt sich das Bedeutungsfeld zunächst auf die Anwesenheit bei einem ersten einheitlichen Prinzip, das selbst als zeitlos gedacht wird; die temporale Bedeutung umgreift die Vorstellung der Zeitlosigkeit, wie sie in der Welt im »Nu«, im »Jetzt« der Meditation und Kontemplation oder der gedachten Zeitlosigkeit des Ritus erreicht werden kann, wie sie aber »jenseits« dieser Welt als »Zeitlosigkeit« gedacht wird. Ist die lokale Bedeutung von Gegenwart also dem Begriff von »Einheit« zuzuordnen, so die temporale Bedeutung dem Begriff von »Ewigkeit«. Diese Bedeutungsinhalte erscheinen in dieser Welt der erscheinenden Vielheit nicht verwirklicht, so dass sich ein Mangel an Gegenwart für das menschliche Dasein zeigt, der durch Religion und innerhalb von Religion durch Spiritualität und Mystik behoben werden soll, indem diese auf Gegenwart im Sinne von Anwesenheit und Zeitlosigkeit zielen. Dabei ist dies ein Ziel, das bereits in der Welt der erscheinenden Vielheit vorwegnimmt, was diese Welt nur als Voraussetzung kennt. Insofern ist Gegenwart als Vorstellung mehr als eine Negation von erscheinender Vielheit und Vergänglichkeit, indem Gegenwart als Einheit sowohl Vielheit und Vergänglichkeit hervorbringend wie erhaltend und vollendend gedacht werden.

Gegenwart ist aber auch in unmittelbarer Beziehung zur menschlichen Tätigkeit des »Vergegenwärtigens«, indem durch Raum und Zeit vom Vergegenwärtigenden Geschiedenes in dessen Gegenwart geholt wird. Dieser Vorgang ist nicht allein bei Meditation und Kontemplation zu vollziehen, sondern auch in der Vergegenwärtigung von Mythen im Ritus.

2. Gegenwart in Religionen

In Religionen wird die als leidvoll empfundene und erkannte Vergänglichkeit des Menschen in einer diese Vergänglichkeit auf ihren Grund von Gegenwart durchschauenden Spiritualität zu tilgen gesucht, die auch den schärfsten Ausdruck von Vergänglichkeit, den Tod, besiegt. Für diese spirituelle Tätigkeit ergeben sich auch in jeweils einer Religion drei Möglichkeiten: Der vergegenwärtigende Mensch sucht die Gegenwart des Gegenwärtigen zu erlangen, oder die als Gegenwart erfahrende Macht bringt sich selbst in die Gegenwart des Vergegenwärtigenden, oder beide Seiten der Bewegung wenden sich einander zu. Alle diese Bewegungen führen zwar zum selben Ziel einer einheitlichen Gegenwart, unterscheiden sich jedoch im Ausgangspunkt. Auch dieser Unterschied unterscheidet Religionen und Schulen in Religionen.

Im Judentum vollzieht sich die Bewegung zur Gegenwart, wie die Tora vergegenwärtigen lässt, durch die Selbstvergegenwärtigung dessen, der reine Gegenwart ist, wie sein durch ihn kundgetaner Name, menschlichem Verstandesdenken unvorstellbar und unbegreiflich, bedeutet: »יהוה« – »JHWH« (Ex 3,14), was mit »Ich bin der Ich-bin-da« wiedergegeben werden kann. Gottes Gegenwart bei den Menschen, insbesondere bei seinem erwählten Volk Israel, seine unmittelbare Nähe und zeitlose Anwesenheit sind Zeugnis, dass dies Gegenwart eines Gegenwärtigen ist, der sich in Relation zu den Menschen begibt, der des Menschen gedenkt (vgl. Psalm 8,5), der seines Bundes mit Israel gedenkt ewiglich (Psalm 105,8). Und Gott wohnt, Gegenwart schenkend, im Heiligtum mitten im Volk Israel (vgl. Ex 25,8), »zieht mit dir [Israel] inmitten deines Lagers« (Dtn 23,15). All dies wiederum ist für Israel zu vergegenwärtigen, um es in Gegenwart der Vergegenwärtigung zu halten, woraus Zeitlosigkeit gewonnen wird. In einer aufeinander zulaufenden Bewegung des gegenseitigen Vergegenwärtigens ergeben sich die »Begegnungen« des Ewigen mit Israel. Diese Begegnungen sind in Festen und Gebeten bleibende Gegenwart, indem deren Ritus als genaue Wiederholungshandlung den Eindruck der Zeitlosigkeit gewinnen lässt. Und damit auch einen Vorschein jener »künftigen Welt«, die als verwandelte ein zeitloses Leben unter der Königsherrschaft Gottes verheißt. Damit sind alle erscheinende Vielheit und Temporalität sowohl in dieser Welt wie in der künftigen Welt im Blick auf den Einen Gegenwärtigen, Gott, abgetan, wobei die künftige Welt bereits in der bestehenden durchscheint, indem Gott bereits jetzt gegenwärtig ist und Gegenwart zulässt. Eben diese der Sprache enthobene Gegenwart beschreibt eine Geschichte aus dem Chassidismus: »Der Raw sprach einen Schüler, der eben bei ihm eintrat, so an: ›Mosche, was ist das, ‹Gott›?‹ Der Schüler schwieg. Der Raw fragte zum zweiten- und zum drittenmal. ›Warum schweigst du?‹, ›Weil ich es nicht weiß.‹ ›Weiß ich's denn?‹, sprach der Raw. ›Aber ich *muß* sagen; denn so ist es, daß ich es sagen muß: Er ist deutlich da, und außer ihm ist nichts deutlich da, und *das* ist er.‹« (Martin Buber, Werke III: *Schriften zum Chassidismus.* München 1963, S. 390).

Auch im Christentum ist der Gedanke der Gegenwart Gottes prinzipiell. Dies zunächst im Gedanken der vollkommenen Gegenwart Gottes in Jesus Christus (*Inkarnation*), sodann im Gedanken der sakramentalen Gegenwart Christi im

Altarsakrament (*Eucharistie*), sodann im Gedanken der Realpräsenz Christi unter Menschen (»Denn wo zwei oder drei versammelt sind in meinem Namen, da bin ich mitten unter ihnen«, Matth 18,20), sodann im Gedanken an ein Leben nach dem Tode, das in ewiger Gegenwart Gottes erhofft wird. Zur Gegenwart Gottes Franz von Sales (1567–1622): »Gott ist ja in allem und überall; es gibt keinen Ort und kein Ding, wo er nicht wirklich gegenwärtig wäre. Wohin die Vögel auch fliegen, sie finden ihr Element, die Luft, in der sie sich bewegen; so finden auch wir, wohin immer wir gehen mögen, Gott überall gegenwärtig ...« (Franz von Sales, *Philotheia* II,2). Eben diese Gegenwart sucht nicht nur die Religion insgesamt, sondern vor allem die Mystik auf spirituelle Weise bereits zu erreichen, indem über alle Formen des Denkens und Wollens hinaus Gegenwart bei Gott erlangt werden soll, der »allein genug« ist, auch wenn alles andere untergeht, wie der berühmte Vers der Teresa von Avila besingt: »Aunque todo lo pierda, / Sólo Dios basta.« (Gedicht »*Nada te turbe*«, Schluss). Eine bleibende Frage ist, wie sich diese Gegenwart gestaltet, da doch prozessuale Vorgänge wie Freuden nicht zeitlos gedacht werden können; es ist dies als Hinweis für die Unvorstellbarkeit jener Gegenwart aufzunehmen, die allen sprachlichen Schilderungen enthoben ist, sind diese Schilderungen doch ihrerseits zeitlich und von Vorstellungen geprägt, die selbst als Sprachbilder zurückbleiben müssen.

Die absolute Gegenwart Gottes ist dem Islam Prinzip, wie der Koran lehrend und zugleich unvorstellbar vorträgt: »Alles ist untergehend: nicht Sein Antlitz« (Koran 28,88). Gegenwart ist Er aber auch dem Menschen: »Und wahrlich, erschaffen haben Wir den Menschen ... Und Wir sind ihm näher als die Halsschlagader.« (Koran 50,16). So ist Gott »der Erste und der Letzte, der Offenbare und der Verborgene« (Koran 57,3), und »Gottes ist der Osten und der Westen. Wo ihr euch hinwendet, ist das Antlitz Gottes« (Koran 2,115). Wohl ist Gott dem gegenwärtig, doch nicht der Mensch ihm, denn »nichts ist Ihm gleich« (Koran 42,11). Und doch wird, zumal in der Mystik, Gottes Gegenwart gesucht und erkannt, indem auch alles Seiende als von Gott durchdrungen gesehen wird: »Wer Gott nicht in allen Dingen sieht, der sieht eben anderes als ihn. Wenn aber der Mensch sich anderen Dingen als Gott zuwendet, so begreift seine Hinwendung jedes Mal etwas von geheimer Vielgötterei in sich. Das reine Einheitsbekenntnis [die Bekenntnisformel: »keine Gottheit außer Gott«] ist jedoch, daß er in allen Dingen nicht als Gott sehe.« (MUḤAMMAD AL-ĠAZZĀLĪ, *Iḥyā'* 1,295,19–21; zit. nach RICHARD GRAMLICH, *Die schiitischen Derwischorden Persiens II*, Wiesbaden 1976, S. 7). Diese Gegenwart Gottes suchen heißt »Gott allein suchen« (vgl. GRAMLICH, a.a.O. S. 342ff.). Um nun diese Gegenwart als eine Zeitlosigkeit vorwegzunehmen, gilt dem islamischen Mystiker der »Augenblick«, der »Nu« (»*waqt*«) sehr viel, ja alles, weil dieser Nu »Gegenwart« (»*ḥāl*«) ist. Diese Anwesenheit bei der Gegenwart wird durch besondere Achtsamkeit geübt, indem Vergangenheit und Zukunft gleichgültig werden, ebenso die Vielheit der erscheinenden Welt, um im »Jetzt« zu verweilen und dieses zu beachten. Aus dieser Spiritualität sagt der Mystiker Šiblī (gest. 945): »Außer Gott habe ich nie etwas gesehen.« (nach GRAMLICH, a.a.O. S. 344).

In Hinduismus ist der Gewinn der Gegenwart höchstes Ziel. Die Vergänglichkeit der Welt, bedingt durch deren Kausalität, die Temporalität bedeutet, muss überwunden werden, um aus der Folge von Wiedereinkleidungen ausscheiden zu können. Daher ist es erstrebt und geübt, durch Vermeidung weiterer Kausalwirkungen zur Ruhe der Gegenwart zu gelangen, indem alle Vielheit in Gegenwart und Einheit hin begriffen wird: »Im Geiste soll man dies merken: Nicht ist hier Vielheit irgendwie! Von Tod in neuen Tod stürzt sich, wer hier Verschiednes meint zu sehen. Als Einheit soll man anschauen, unvergänglich, unwandelbar, ewig, nicht alternd, raumerhaben das große Selbst.« (BRHADĀRANYAKA-UPANI-

SCHAD IV,4,19–20). Reine Gegenwart ist dies »Selbst«, als reine Gegenwart muss es begriffen werden. Eine solche Gegenwart preist auch der Gott Krishna in seinem »Gesang«, der »Bhagavad Gītā« (7. Kapitel), der Gott, der alle Erscheinungsformen dieser Welt vollkommen durchdringt und in allen gegenwärtig ist, insbesondere aber in demjenigen, der dies erkennt: »Den Weisen aber betrachte ich als mein Selbst. Fest gegründet in geeintem Sein sucht er in mir allein sein höchstes Ziel.« (BHAGAVAD GĪTĀ, 7,18). Als erreichte und nicht zu verlierende Gegenwart ist damit alles Übergängliche und Getrennte in Einheit und Gegenwart hin getilgt.

Im Buddhismus ist die Rede von »Gegenwart« insofern schwierig, als diese durch Negation bestimmt ist. Zu erlangen ist in der »Vollkommenen Sammlung« im Sinne eines einzigen Bewußtseinsmomentes (Pali: »*eka-citta-kkhaṇika*«) ein Moment der Zeitlosigkeit innerhalb der Meditation; absichtslos zu üben ist der Abstand von allem Vergänglichen, dessen Vergänglichkeit Leid bedeutet. Gegenwart als Vergegenwärtigung der Lehre des Buddha, als Vergegenwärtigung von Vergänglichkeit, als Vergegenwärtigung der Einsicht »kein Ich« ist achtsame Anwesenheit bei diesen Gedanken, die als reine Gegenwart den Vergegenwärtigenden umgreifen und »verwehen« lassen in jenem, was als Gegenwart sich selbst aufhebt: »Nirvāna«.

So ist in allen diesen Religionen »Gegenwart« zu erstreben, um den Mangel an anwesender Gegenwart zu tilgen und dadurch ruhige Einheit zu gewinnen. Eine Einheit, die dem Blick des »Weltmenschen«, der auf die erschienende Vielheit achtet, verborgen bleibt, dem Spirituellen aber einzige Wahrheit ist.

Gelassenheit (Freiheit)

Vgl. Gegenwart, Ich, Mystik, Religion, Weg, Welt

1. Wort und dessen Bedeutung

Das Wort »Gelassenheit« als Substantiv bedeutet ursprünglich eine Verstärkung des Verbs »lassen« im Sinne von »loslassen«, aber auch von »überlassen« (vgl. vgl. Jacob und Wilhelm GRIMM: *Deutsches Wörterbuch*. 4. Band, 1. Abtheilung, Zweiter Theil. Leipzig 1897). Für die religiöse und näherhin spirituelle Bedeutung »Gelassenheit gegenüber der Welt und dem eigenen Ich, um sich Gott zu überlassen« wird innerhalb des deutschen Sprachraumes insbesondere die Mystik des MEISTER ECKHART (um 1260–1328) von Bedeutung. Es mag sein, dass ECKHART das Wort erstmalig in deutscher Sprache so verwendet, wie es in der Wirkungsgeschichte verstanden wird. Eine erklärende Stelle dazu findet sich in den »Reden der Unterweisung« (Kapitel 21): »Man soll sich selbst mit allem dem Seinen in lauterem Entwerden des Wollens und des Begehrens in den guten und liebsten Willen Gottes legen mit allem dem, was man wollen und begehren mag in allen Dingen. Eine Frage: Soll man sich auch des süßen Gottgefühls mit Willen entschlagen? Kann das nicht auch aus Trägheit und geringer Liebe zu ihm herrühren? Ja, gewiß wohl: wenn man den Unterschied übersieht. Denn, komme es nun von Trägheit oder von wahrer Abgeschiedenheit oder Gelassenheit [»*Wan, ez kome von trâcheit oder von wârer abegescheidenheit oder von gelâzenheit*«], so muß man darauf achten, ob wenn man innerlich so ganz gelassen ist, man sich in diesem Zustande so erfindet, daß man dann Gott genauso treu ist, wie wenn man im stärksten Empfinden wäre, daß man auch in diesem Zustande alles das tue, was man in jenem täte und nicht weniger, und daß man sich aller Tröstung und aller Hilfe gegenüber ebenso ungebunden halte, wie man's täte, wenn man Gott gegenwärtig empfände.«

(MEISTER ECKHART, *Reden der Unterweisung* 21 ed. Quint, S. 531). Die Gelassenheit erscheint als eine Haltung, die eine »Abgeschiedenheit« von jedem Willensakt, also eine Abgeschiedenheit von dem durch den Willen konstituierten »Ich« und ein »Loslassen« der »Welt«, um ganz in Gottes Liebe unterschiedslos anwesend zu sein: »Der Mensch, der so in Gottes Liebe steht, der soll sich selbst und allen geschaffenen Dingen tot sein, so daß er seiner selbst so wenig achtet wie eines, der über tausend Meilen entfernt ist. Ein solcher Mensch bleibt in der Gleichheit und bleibt in der Einheit und bleibt völlig gleich; in ihn fällt keine Ungleichheit. Dieser Mensch muß sich selbst und die ganze Welt gelassen haben [*»Dirre mensche muoz sich selben gelâzen hân und alle dise werlt«*]. Gäb's einen Menschen, dem diese ganze Welt gehörte, und er ließe sie um Gottes willen so bloß, wie er sie empfing, dem würde unser Herr diese ganze Welt zurückgeben und das ewige Leben dazu. Und gäb's einen andern Menschen, der nichts als einen guten Willen besäße, der dächte: Herr, wäre diese Welt mein und hätte ich dann noch eine Welt und noch eine – das wären ihrer drei – und er begehrte: Herr, ich will diese lassen und mich selbst ebenso bloß, wie ich's von Dir empfangen habe, – dem Menschen gäbe Gott ebenso viel wie (dann), wenn er alles mit seiner Hand weggegeben hätte. Ein anderer Mensch (aber), der gar nichts Körperliches oder Geistiges hätte zum Lassen oder Hergeben, der würde am allermeisten lassen. Wer sich gänzlich (nur) einen Augenblick ließe, dem würde alles gegeben. Wäre dagegen ein Mensch zwanzig Jahre lang gelassen und nähme sich selbst auch nur einen Augenblick zurück, so ward er noch nie gelassen. Der Mensch, der gelassen hat und gelassen ist und der niemals mehr nur einen Augenblick auf das sieht, was er gelassen hat, und beständig bleibt, unbewegt in sich selbst und unwandelbar, – *der* Mensch allein ist gelassen.« (MEISTER ECKHART, *Deutsche Predigt 12*, ed. Quint, S. 478f.).

Die Gelassenheit gegenüber der Welt und dem Ich ist die

vollkommene Zurücknahme des eigenen Wollens und Willens gegenüber jeglicher Relation zu jeglichem Objekt der Welt und dem eigenen Subjekt, sei sie mit Zustimmung oder Ablehnung: »Darauf zielt Gott mit allen Dingen, daß wir den Willen aufgeben.« (*Reden der Unterweisung* 11 ed. Quint, S. 516). Selbst der Gedanke dieser Zurücknahme soll entfallen: »Es ist eine Blindheit und eine Torheit.« Eine solche »Gelassenheit« verbindet sich mit »Freiheit«, wie ECKHART in Auslegung der Schriftstelle Lukas 10,38 darlegt. In der Schriftstelle ist von einer »Frau« die Rede, was ECKHART als »Jungfrau« deutet: »Notwendig muß es so sein, daß sie eine ›Jungfrau‹ war, jener Mensch, von dem Jesus empfangen ward. Jungfrau besagt soviel wie ein Mensch, der von allen fremden Bildern ledig ist, so ledig, wie er war, da er noch nicht war ... Eine Jungfrau, die ein Weib ist, die frei ist und ungebunden ohne Ich-Bindung, die ist Gott und sich selbst allzeit gleich nahe.« (*Deutsche Predigt 2*, ed. Quint, S. 434f.). Denn: »alles, was geschaffen ist, das ist nicht frei. Solange (noch) irgend etwas über mir ist, das nicht Gott selbst ist, das drückt mich, so klein es auch oder wie es (geartet) sei – und wäre es selbst Vernunft und Liebe: sofern sie geschaffen und nicht Gott selbst sind –, bedrückt es mich denn es ist unfrei.« (*Deutsche Predigt 28*, ed. Quint, S. 650). Alle Hinwendung zu etwas anderem denn Gott macht unfrei, Gelassenheit frei.

Diese Auffassung von »Gelassenheit« gegenüber der geschaffenen Welt unterscheidet sich von dem bekannten stoischen Ideal der Apathie (»*ἀπάθεια*«), der völligen Unempfindlichkeit gegenüber Begegnendem, oder dem epikureischen Ideal der Ataraxie (»*ἀταραξία*«), der völligen Unerschütterlichkeit des Gemütes. Denn die »Gelassenheit« bleibt nicht unempfindlich dagegen, dass Gott die Seele ergreift, die in Gottes Liebe ruht. Und so kann auch in der jüdischen und damit auch der neutestamentlichen Tradition »Gelassenheit« in dieser Weise nicht gelehrt werden, da diese Art von »Freiheit«, die ein »Loslassen« gegenüber der Welt bedeutet, nicht zu einem Abstand von dieser Welt führen darf und kann.

Der Abstand von der Welt um Gottes willen begegnet auch im Islam, zumal in der Mystik. Im Koran heißt es: »Wisst: Wahrlich das Leben des Diesseits ist Spiel und Zerstreuung nur …« (Koran 57,20). Dazu aber schenkt Gott auch die Ruhe des Gemüts, Gelassenheit gegenüber dieser Welt: »Dann sandte Gott Seine Ruhe [»*sakīna*«] herab auf seinen Gesandten und auf die Gläubigen…« (Koran 9,26 u. ö.). Mehr aber noch gilt die Gelassenheit, die sich durch Indifferenz des Herzens (»*istiwā' al-qalb*«) gegenüber allem Nichtgöttlichen zeigt, durch Gott gegeben, eine Indifferenz gegenüber allem Haben oder Nichthaben in dieser Welt, die der »Bedürfnislose« haben soll: »Dieser Mensch aber hat zwar gegenüber den Gütern bezüglich Haben und Nichthaben kein Bedürfnis, aber er ist gegenüber anderen Dingen nicht bedürfnislos, und er ist nicht frei von dem Bedürfnis, daß Gottes Gelingengeben ihm hilft, damit seine Bedürfnislosigkeit, mit der Gott sein Herz geschmückt hat, bestehen bleibe. Wenn das Herz an die Liebe zum Besitz gefesselt ist, ist es ein Sklave, wenn es dessen nicht bedarf, ist es frei. Gott aber ist der, der es aus dieser Sklaverei freilässt, und es bedarf des Fortbestands dieser Freiheit.« (MUḤAMMAD AL-ĠAZZĀLĪ in: *Muḥammad al-Ġazzālīs Lehre von den Stufen zur Gottesliebe. Die Bücher 31–36 seines Hauptwerkes eingeleitet, übersetzt und kommentiert von* RICHARD GRAMLICH. Wiesbaden 1984, S. 401). Damit ist alles »gleichwertig« (»*yaksān*«), und diese Gleichwertigkeit erzeugt eine Haltung der Gelassenheit im Sinne von Gleich-Gültigkeit und Freiheit gegenüber Nichtgöttlichem und damit das Geschenk des Göttlichen: »Mose kam an einem Mann vorbei, der auf der Erde schlief, unter dem Kopf einen Ziegelstein, Gesicht und Bart im Staub und in einen Mantel eingehüllt. Da sprach Mose: ›Mein Herr, dieser dein Diener ist im Diesseits verloren!‹ Darauf gab Gott ihm ein: ›Mose, hast du nicht gewußt, daß ich, wenn ich auf einen Diener mit meinem ganzen Antlitz schaue, das ganze Diesseits von ihm entferne?‹« (Gramlich a.a.O. S. 408).

Eine andere Form von »Gelassenheit« ist einer der erstrebenswerten Gemütszustände in buddhistischen Schulen: die »Gleichmut« (»Upekkhā«, Sanskrit »Upeksā«). Dieser Gleichmut bezieht sich auf die Relation zu Vorstellungen, die während Übungen eintreten können: »Wenn in einem, während man also übt, der Geist unermattet ist, unzerstreut, nicht teilnahmlos, bei der Vorstellung ebenmäßig tätig, in den Prozeß der Gemütsruhe eingetreten, so gerät man bei Anspannung oder Anregung des Geistes nicht in Unruhe, ebenso wenig wie ein Wagenlenker bei Rossen mit gleichmäßigem Gange. Auf diese Weise betrachtet man den Geist mit Gleichmut zu einer Zeit, wo er mit Gleichmut betrachtet werden muß.« (Nyanatiloka, *Visuddhi-Magga*. Konstanz 2. A. 1952, S. 160). Und schließlich bezieht sich »Gelassenheit« auch auf jenes »Loslassen« von der Vorstellung vom eigenen »Ich«. Insbesondere im Zen-Buddhismus wird dadurch »Gelassenheit« geübt und erreicht, dass das »Ich« losgelassen und aufgehoben wird in eine Einheit von Subjekt und Objekt und sich dadurch von der Bindung an Subjekt oder Objekt befreit. Diesem Ziel dienen Übungen, so die Kunst des Bogenschießens. Der Schuss soll nicht vom Subjekt, dem Schützen, zum Objekt, der Zielscheibe, getätigt werden: »Eines Tages fragte ich … den Meister: ›Wie kann denn überhaupt der Schuß gelöst werden, wenn ‹ich› es nicht tue?‹ ›‹Es› schießt‹, erwiderte er …« (Eugen Herrigel, *Zen in der Kunst des Bogenschießens*, Weilheim/Obb. 13. A. 1970, S. 110). Selbstvergessen, absichtslos muß der Schuß fallen, wie eine Blüte vom Baum. Und: »Im Laufe der Zeit gelangen zuweilen mehrere Schüsse nacheinander, welche die Scheibe trafen, neben freilich noch immer vielen mißratenen. Aber wenn ich nur im geringsten Miene machte, mir etwas darauf einzubilden, faßte mich der Meister ungewöhnlich schroff an. ›Was fällt Ihnen denn ein?‹ rief er dann. ›Über schlechte Schüsse sollen Sie sich nicht ärgern, das wissen Sie schon längst. Fügen Sie hinzu, sich über gute Schüsse nicht zu freuen. Von dem Hin und Her zwischen Lust und Unlust müssen Sie sich lösen. Sie müssen lernen, in gelockertem Gleichmut darüber zu stehen, sich also so zu freuen, wie wenn ein anderer und nicht Sie gut geschossen hätte. Auch hierin müssen Sie sich unermüdlich üben – Sie können gar nicht ermessen, wie wichtig dies ist.‹

Ich habe in diesen Wochen und Monaten die härteste Schule meines Lebens durchgemacht, und wenn es mir auch nicht immer leichtfiel, mich einzufügen, lernte ich doch allmählich einsehen, wie viel ich ihr zu verdanken habe. Sie vernichtete die letzten Regungen des Dranges, mich mit mir selbst und den Schwankungen meines Zumuteseins zu beschäftigen. ›Verstehen Sie jetzt‹, fragte mich einmal der Meister nach einem besonders guten Schuß, was es bedeutet: ›Es‹ schießt, ›Es‹ trifft?‹

›Ich fürchte‹, erwiderte ich, daß ich überhaupt nichts mehr verstehe, selbst das Einfachste wird verwirrt. Bin ich es, der den Bogen spannt, oder ist es der Bogen, der mich in höchste Spannung zieht? Bin ich es, der das Ziel trifft, oder trifft das Ziel mich? Ist das ›Es‹ in den Augen des Körpers geistig und in den Augen des Geistes körperlich – ist es beides oder keines von beiden? Dies alles: Bogen, Pfeil, Ziel und Ich verschlingen sich ineinander, daß ich sie nicht mehr trennen kann. Und selbst das Bedürfnis, zu rennen, ist verschwunden. Denn sobald ich den Bogen zur Hand nehme und schieße, ist alles so klar und eindeutig und so lächerlich einfach …'

›Jetzt eben‹, unterbrach mich da der Meister, ist die Bogensehne mitten durch Sie hindurchgegangen.'« (Herrigel, a.a.O. S. 112).

»Gelassenheit«, »Gleichmut« im Sinne von »Absichtslosigkeit« und damit als Aufgabe des eigenen, das Ich konstituierenden Willens ist hier nicht, wie in monotheistischen Religionen, Weg zu Gott, sondern Befreiung von allem »Anhaften«, das seinerseits Grund allen Leids ist. Die erreichte Freiheit aber ist auch hier eine reine Anwesenheit von Gegenwart.

Ich

Vgl. Kontemplation, Mystik, Spiritualität, Wissenschaft

Das »Ich« als Begriff, mit dem der Mensch sich selbst im Unterschied zu anderen bezeichnet, ist in vielen Wissenschaften Thema: Psychologie, Philosophie, Soziologie, Medizin etc. »Ich« unterscheidet, macht aber auch die Selbstidentifikation und Selbstidentität erst möglich. Im Zusammenhang mit Religion und Religionen ist dies »Ich« insofern von Bedeutung, als es konkreter Ansprechpartner der Botschaft der Religionen ist. Als Träger eines eigenen Denkvermögens und eigenen Willens ist dieses »Ich« jedoch zunächst auch in Differenz zu jedem anderen Denken und Willen, schließlich zu jeder Erfahrung, die nicht von diesem eigenen »Ich« gemacht wird.

In allen großen Religionen wird nun gefordert, dieses »Ich« als eigenständiges Subjekt zurückzunehmen, um Denken und Wollen des einzelnen Menschen dem Willen eines höheren Prinzips anzugleichen oder mit ihm zu verschmelzen oder einzusehen, dass ein solches »Ich« nur Konstruktion, nicht aber Realität ist. Besonders in der Mystik ist dieses sich selbst behauptende »Ich« betrachtet worden. Dabei wird deutlich, dass es zwar Ausgangspunkt des spirituellen mystischen Weges sein, sodann aber nach und nach vollkommen zurückgenommen und aufgelöst werden muss. Je weiter das »Ich« zu einer Anwesenheit bei einem einheitlichen ersten Prinzip schreitet, desto mehr muss es schwinden, um in der Kontemplation vollkommen »entworden« zu sein, während im Buddhismus Inhalt von Meditation ist, Einsicht in die »Ich-losigkeit« (»Anatta«) zu gewinnen. Insofern ist in allen Religionen die Selbst-Behauptung des Ich kritisiert, was innerhalb der abendländischen Geistesgeschichte zu einem Problem des Verhältnisses von neuzeitlicher Wissenschaft und Religion wurde.

Kontemplation

Vgl. Achtsamkeit, Gebet, Gegenwart, Gelassenheit, Ich, Meditation, Monismus, Mystik, Religion, Ritus, Spiritualität, Verstand, Wahrheit, Weg, Welt

1. Wort und dessen Bedeutung

Das Wort »Kontemplation« wird im allgemeinen Sprachgebrauch sehr unterschiedlich benutzt und verstanden. Daher erscheint es sinnvoll, zunächst der ursprünglichen Wortbedeutung nachzugehen, um eine genaue Bestimmung des Begriffs zu erhalten. Diese soll nicht die einzig mögliche, aber eine mögliche sein, um konkretes Verständnis zu ermöglichen, das mitteilbar ist und geteilt werden kann, ohne dass mit demselben Wort Unterschiedliches gemeint ist.

Das Wort Kontemplation, aus der lateinischen Sprache stammend, ist eine Zusammensetzung. Der Kern des Wortes, »temp-«, hat wohl die ursprüngliche Bedeutung »spannen, dehnen, ziehen«, meint dann als »*templum*« das »Gespannte«, »Gezogene«, dies angewendet auf »Pflock«, »langgestrecktes Holz«, etwa die über die Dachsparren gespannten Querhölzer. Betrachtet man diese von unten, bevor das Dach gedeckt ist, ergeben gleichsam abgesteckte Ausschnitte am Himmel. Diese Ausschnitte, also die gedachten abgesteckten rechteckigen Bezirke am Himmel, dienten den römischen Auguren dazu, den Vogelflug in bestimmte Distrikte zu unterteilen und innerhalb dieser Distrikte zu verfolgen, um aus dieser Himmelsschau Deutungen verschiedener Art zu ziehen. So kommt es auch zur Bedeutung »schauen«. Daher ist es nicht verwunderlich, wenn noch Richard von Sankt Viktor (um 1110–1173) die Formen von »*contemplatio*« im Sinne von »Beschauung« mit den Formen des Vogelfluges vergleicht (Richard von Sankt Viktor, *De Gratia Contemplationis* I, V). Nun aber steht im Wort »*contemplatio*« zunächst das »con-«, das »zusammen« bedeutet. Es ist also eine Zusammenschau abgesteckter Bezirke des Himmels und auf der Erde, was zu dem Wort »templum«, »Tempel« führt: auch auf der Erde ein »abgesteckter Bezirk«, eben das Heiligtum. Dieses steht in einem Verhältnis zum himmlischen Bezirk, und beide »zusammenzuschauen« ist ursprünglich »*contemplatio*«.

Was bedeutet dies? »Schau« ist nicht der ursprüngliche Wortsinn von »*contemplatio*«, sondern »zwei abgesteckte Bezirke zusammenbringen«, sie »deckungsgleich« begreifen. Anders gesagt: Kontemplation ist, dem Wortsinn nach, Anwesenheit herstellen, Gegenwart und Einheit herstellen. Eben dies ist auch der spirituelle Sinn von »Kontemplation«. Dies ist auch der Grund, weshalb das griechische Wort »*θεωρία*« (»Theorie«) mit dem lateinischen »*contemplatio*« übersetzt wurde. Auch bei »*θεωρία*« ist der ursprüngliche Wortsinn, im Wort »Theater« noch erkennbar, ein schauendes Betrachten (»*θεάομαι*« – »anschauen«) in der Weise, dass der Betrachter sich in Gegenwart zum betrachteten Stück, zumal der Tragödie bringt, Anteil nimmt, die Differenz zwischen sich und dem Betrachteten »zusammenlegt«, überwindet (vgl. ARISTOTELES, *Poetik* 1449 b 24–28). So ist »Kontemplation« wohl »Schau«, aber »Schau« in bestimmter Weise, den Dualismus auf Monismus hin tilgend.

2. Kontemplation als spirituelle Praxis in den Weltreligionen

Kontemplation findet sich in allen Weltreligionen, wobei zunächst darauf zu achten ist, dass das Wort lateinischen Ursprungs nicht jeder Art spiritueller Praxis, die auf »Einung« von Entzweitem zielt, entspricht. Es ist vielmehr Bezeichnung einer Tätigkeit, eines Prozesses, der mit Achtsamkeit zu Anwesenheit beim Betrachteten führt. Wie im ursprünglichen Wortsinn die Tätigkeit der Auguren (s. o.) ein Beobachten einer Bewegung, eines Prozesses war, so ist auch in der Kontemplation ein Prozess verwahrt: die zusammenführende Bewegung des schauenden Betrachters mit dem betrachteten Prozess selbst. Hier ist der entscheidende Unterschied zu Meditation. Kontemplation als Prozeß ist mithin auch ein Weg, zugleich das Ziel dieses Weges, die absolute Gegenwart in absoluter Einheit.

2.1. Christentum

Da das Wort »Kontemplation« lateinischen, mithin abendländischen Ursprungs ist, mag es beispielhaft innerhalb dieser Tradition als spirituelle Praxis vorgestellt werden.

Zu den bekanntesten Texten von »Kontemplation« der abendländisch-christlichen Tradition sind die Überlegungen des THOMAS VON AQUIN (1225–1274) in dem Hauptwerk »Summa Theologiae« (»Summe der Theologie«) zu zählen. Dort (*Summa Theologiae* II-II, 179ff.) legt THOMAS dar, dass es eine sinnvolle Einteilung menschlichen Leben in »*vita activa*« (»tätiges Leben«) und »*vita contemplativa*« (»beschauendes Leben«) gibt. Während das »tätige Leben« die menschliche Einsicht auf äußerliche praktische Dinge richtet, richtet sich eben diese Einsicht im »beschauenden Leben« auf die Kenntnis der Wahrheit (*Summa Theologiae* II-II, 179, 2 resp.). Die »*contemplatio*« allein richtet sich auf den »einfachen Anblick der Wahrheit selbst« (II-II, 180, 3 ad 1), nachdem alle Vielheit, die in Denkvorgängen begegnet, abgetan ist. Die höchste und daher einheitlichste Form der Wahrheit ist Gott selbst (II-II, 180, 4 ad 4), das höchste Prinzip, und eben dieses wird in der christlichen Kontemplation gesucht (GREGOR, *Moralia* 6, 37). Gesucht, indem ein »zusammenlegender Prozess« zwischen Schauendem und Geschautem vollzogen wird, so dass der ruhige Höhepunkt des Prozesses der Kontemplation darin liegt, »an die Einförmigkeit der göttlichen Kontemplation zu rühren«, wie THOMAS (II-II, 180,8 ad 2) im Anhalt an DIONYSIUS AREOPAGITA, einem unter diesem Namen schreibenden Lehrer (um 500 n.Chr.), formuliert (vgl. Dionysius Areopagita, *Über die göttlichen Namen* IV,9). Und so kann Thomas, wiederum im Anhalt an Dionysius Areopagita (*Über die göttlichen Namen* VII,2), den Begriff von »Kontemplation« aus der Tätigkeit des »kontemplativen Lebens« bestimmen: »... homo autem quodam processu ex multis pertingit ad intuitum simplicis veritatis. Sic igitur vita contemplativa unum quidem actum habet in quo finaliter perficitur, scilicet contemplationem veritatis, a quo habet unitatem: habet autem multos actus quibus pervenit ad hunc actum finalem.« – »... der Mensch aber gelangt sozusagen in einem Prozess zur Anschauung der einfachen Wahrheit. So also hat das kontemplative Leben sozusagen einen (einzigen) Akt, in dem es schlussendlich vollendet wird, nämlich die Anschauung der Wahrheit, von der es Einheit hat: Es hat aber viele Akte, durch die es zu diesem Schlussakt gelangt.« (*Summa Theologiae* II-II, 180,3 resp.).

Diesen Begriff von »Kontemplation« teilt auch Ignatius von Loyola (1491–1556), der Begründer des Jesuiten-Ordens, in seinen berühmten »Geistlichen Übungen«. Er unterscheidet genau zwischen »*Meditación*«, »Meditation«, und »*Contemplación*«, »Kontemplation«. Während in der ersten der vier Übungswochen »*Meditación*« als Übungsmethode geboten ist, ist es in den folgenden Wochen »*Contemplación*«. In den auf die erste Woche folgenden Wochen werden Vorgänge, Prozesse vergegenwärtigt, Geschichten so vorgestellt, als ob sie Gegenwart seien, so in der »Kontemplation über die Geburt (Jesu)« (110ff.): »El primer preámbulo es la historia« (111) – »Die erste Hinführung ist die Geschichte« , die Geschichte, »wie aus Nazaret aufbrach unsere Herrin, schwanger etwa im neunten Monat, ... auf einer Eselin sitzend ...«. Dies solle man sich vorstellen, als ob man dabei sei, anwesend sei, »con la vista ymaginatiua ver el camino desde Naçaret a Bethlem ...« (112) – »mit der vorstellenden Sehkraft sehen den Weg von Nazaret nach Bethlehem ...«. Mit allen Sinnen soll der Übende in diese

Geschichte gleichsam eintreten, eine Übung, die zuallererst mit einer »*composición*« – »Zusammenstellung« beginnt: zusammenzustellen sind Schauender und Geschautes (91). Eben diese Tätigkeit ist »Kontemplation«, deren Tätigkeit das empirische Ich übersteigt und die empirische Person transzendiert wie in einer Entrückung: »Nehmt, Herr, und empfangt meine ganze Freiheit, mein Gedächtnis, und meinen ganzen Willen, meine ganze Habe und meinen ganzen Besitz …« (234).

Christliche Kontemplation ist daher eine Tätigkeit, die nicht nur die Nähe zu Gott, ja die Anwesenheit bei Gott als dem Geliebten sucht, sondern auch eine Tätigkeit, die zu Freiheit und Gelassenheit gegenüber der Welt führt. Die Spiritualität dieser Tätigkeit besteht in einer geistig-geistlichen Sicht, welche Gott in allem Begegnenden als dessen Urgrund erblickt (IGNATIUS, *Geistliche Übungen* 235). Dieser Blick der Kontemplation nimmt auf Erden vorweg, was einst in Vollkommenheit dem Menschen geschenkt wird: Angstfreiheit, Leidlosigkeit und Ruhe. So ist der spirituelle Weg der Kontemplation auch im Christentum ein Weg zur Vergegenwärtigung Christi (IGNATIUS, *Geistliche Übungen* 190ff.) und zur Vergegenwärtigung Gottes und seiner den Menschen befreienden Heilstaten.

2.2. Judentum

Kontemplation als Tätigkeit, die Anwesenheit und Gegenwart vermittelt, ist ein Grundzug des Judentums. Vergegenwärtigt werden sollen die Wirkweisen des Einen Gottes, nicht er selbst; die Geschichte dieses Hervortretens der Wirkweisen Gottes ist in der »Weisung«, der Tora überliefert, beginnend mit der Schöpfung. Die Tora ist Israel daher zum Studium in der Weise geschenkt, dass ihr Inhalt in Festen, Kulten und Gebeten vergegenwärtigt wird. So ist Judentum die Religion einer unterscheidenden und zu vergegenwärtigenden Geschichte. Diese Vergegenwärtigung vollzieht sich realpräsentisch: Sie wird so vorgenommen, dass sich der durch das Studium der Tora vergegenwärtigte Inhalt als Gegenwart und damit als zeitlos zeigt.

Dies zu dem Zweck, die Handlungsweise Gottes durch Einsicht in die Unbegreiflichkeit seiner Wirkungen identifizieren zu können, aber auch durch Identifikation mit den in der Tora Handelnden sich selbst als Menschen zu verstehen – sind wir doch alle Adam und Eva, Kain und Abel und all die anderen, unabhängig von deren und von unserem Geschlecht.

Deutlichstes Beispiel wohl für diese realpräsentische Vergegenwärtigung ist das Pessach-Fest. Das Fest gedenkt des Auszugs aus Ägypten, doch so, dass dieser Vorgang nicht in die Vergangenheit gelegt und an ihn gedacht wird, sondern dass er durch Nachspiel im Ritus lebendige Gegenwart ist. Sodann aber ist auch der Inhalt des zu Gedenkenden zeitlos, weil er im Wiederholungsspiel vergegenwärtigt wird. Man sitzt zu Tische und speist und trinkt, wie die Väter und Mütter es seinerzeit taten, und in dieser Wiederholungshandlung wird die zeitlose Handlungsweise Gottes selbst Gegenwart: »In jedem Geschlechte und Zeitalter ist jeder verpflichtet, sich vorzustellen, als ob er gleichsam selbst aus Ägypten gegangen wäre, denn so sagt die Schrift: ›Du sollst deinem Sohne an jenem Tage erzählen und sagen: Um dessentwillen, was der Ewige mir getan, als ich aus Ägypten ging.‹ Nicht unsere Väter nur hat der Heilige – gelobt sei er – erlöst, sondern auch uns mit ihnen; denn so sagt die Schrift: ›Und uns hat er von da weggeführt, um uns hierher zu bringen und uns das Land zu geben, das er unseren Eltern zugeschworen hat.‹« (Dr. M. Lehmann, *Hagadah schel Peßach*. Basel 1962, S. 124f.). Und wie heißt es im Kommentar zu dieser Passage: »Deshalb betont auch Rabbon Gamliel, daß jede Zeit mit ihren Kämpfen und Siegen, mit ihrem Trüben und Heitern nichts anderes ist, als eine Fortsetzung des Jeziath-Mizrajim-Wunders. Was die Väter durch ihren Auszug aus Mizrajim zum Ausdruck brachten, das wiederholt sich in der siegreichen Überwindung alles Feindlichen und Gehässigen, womit uns eine lieblose Zeit das bloße Dasein erschweren und vergällen möchte.« So wird die Vergegenwärtigung des Pessach-Geschehens als Gegenwart erfahren und als Gegenwart gedeutet, ist doch die Wirkweise Gottes, des Zeitlosen, zeitlos.

Kontemplation heißt hier: Zusammenbringen, Vergegenwärtigen der zeitlosen Wirkweisen Gottes durch Anwesenheit im Ritus. Dieser Gedanke wird spirituell im »Erinnern« (»*zachar*«), zu der die Schrift auffordert: »*Zachor!*« – »Erinnere dich!«, »Gedenke!«, »Vergegenwärtige!«. Schon deshalb ist auch Tora-Studium eine Tätigkeit der Kontemplation. Kontemplation ist aber auch eine Tätigkeit der jüdischen Mystik, die unter der Bezeichnung »*Kabbala*« (vom hebräischen »*qabbala*« – »Überlieferung«, »Tradition«) bekannt ist. Hier ist die Kontemplation eng verbunden mit der »*Kavvanah*«, »Intention«, »Absicht«. Ursprünglich ist die besondere, konzentrierte Absicht beim Gebet gemeint, sodann aber eine Vergegenwärtigung des Zieles dieser Absicht, die Anwesenheit bei diesem Ziel, ja bei Gott selbst stiftet und, sich des Zieles bemächtigend, magische Kraft freisetzt (dazu Gershom Scholem, *Zur Kabbala und ihrer Symbolik*. 2. A. 1977).

Jüdische Kontemplation ist mithin eine Tätigkeit, die die Wirkweisen Gottes vergegenwärtigt und Identität mit den handelnden Menschen, wie sie in der Tora vorgestellt werden, schafft. Dies vor allem zur Belehrung. In der Kabbala, zumal des Isaak Luria (1534–1572), tritt zu dem Aspekt der Vergegenwärtigung dieser Wirkweisen auch die Identifikation mit deren innewohnenden und dem Wissenden zugänglichen Kräften. Die Spiritualität besteht dabei in jener geistigen und geistlichen Betrachtung, welche alle Dinge auf ein Prinzip hin ordnet, von diesem geführt und von diesem vollendet betrachtet, also in einer universalen und absoluten Sinnstiftung.

2.3. Islam

Kontemplation, also zusammenfügende und zusammenschauende Vergegenwärtigung, ist eines der wichtigsten Gebote des Islam. Islam, die »Hingabe« des eigenen Willens an den Willen Gottes, besteht vor allem im »Gedenken Gottes«

(»*dhikr*«), zumal im Zusammenhang mit dem Gebet, wie es im Koran heißt: »Wahrlich, Ich bin Gott! Kein Gott außer Mir! So diene Mir und verrichte das Gebet, um Meiner zu gedenken!« (Koran 20,14; vgl. 29,45. Übersetzung A. M. KARIMI: *Der Koran*. Hrsg. von BERNHARD UHDE. Freiburg 2009). Was aber wird vergegenwärtigt, wenn doch Gott erhaben darüber ist, von Menschen gedacht zu werden: »So prägt für Gott keine Gleichnisse!« (Koran 16,74), denn »Nichts ist Ihm gleich« (Koran 42,11)? Vergegenwärtigt sollen, wie aus dem Judentum bekannt, die Wirkweisen Gottes an den Menschen und in der Schöpfung überhaupt, nicht Gottes Wesen selbst, wie ein Prophetenwort mahnt: »Denkt über die Schöpfung Gottes nach, aber nicht denkt über das Wesen Gottes nach!« (FURUNZUFAR, *Ahadith-i Mathnawī* Nr. 439). So richtet sich die Kontemplation auf eine Betrachtung dieser Wirkweisen, um Gottes Einzigartigkeit in seinen Wirkungen und Werken zu vergegenwärtigen, wiewohl die Einheit Gottes selbst entzogen bleibt. Gerade weil diese Einheit, Einzigkeit und Einzigartigkeit Gottes nur von Gott selbst bezeugt werden kann (vgl. Koran 3, 18), wird das wiederholte und einer Übung der Mystik vertraute Sprechen des »Einheitsbekenntnisses«, des ersten Teiles der Bekenntnisformel (nicht: »Glaubensbekenntnis«!) »Keine Gottheit außer Gott und Muhammad ist der Gesandte Gottes« zum besten Beispiel für das kontemplative Gottgedenken, indem alles Nichtgöttliche verneint und das Gottgedenken mit Gott selbst zusammengeschaut wird. Das Gottgedenken wird erleichtert durch das vielfach wiederholte rhythmische Aussprechen solcher Formeln, deren Wortlaut sich seiner Melodie nach besonders eignet, etwa »Er ist er. Es gibt keinen Gott außer ihm«, gesprochen »*huwa hū lā ilāha illā hū*«. Diese durch die unendliche Erhabenheit Gottes erfahrene Spanne suchen manche Meister der islamischen Mystik zu tilgen, sich Gott zu nähern oder sich gar mit ihm zu vereinen. Diese kontemplative Schau des »Gottgedenkens« (»*dhikr*«) wird ergänzt durch »Nachdenken« (»*fikr*«), wie es heißt: »Der Mensch ist zwei Dinge: Gedenken (*ḏikr*) und Nachdenken (*fikr*). Wenn sein Gedenken und sein Nachdenken auf das Wohl seines Ich gerichtet sind, ist er von Gott getrennt. Wenn aber sein Gedenken und Nachdenken Gott gelten und durch Gott und mit Gott sind, ist er mit Gott vereint, und seine Sinne werden geläutert und von Beimengung und Trübung gereinigt, und er schaut immerfort mit lauterem Herzen in das Reich seines Herrn. Je mehr er gedenkt und nachdenkt, desto mehr nehmen bei ihm Gottesnähe und Wissen zu.« (SULAMI, *Haqā'iq at-tafsīr*, zu Sure 55,3–4, nach RICHARD GRAMLICH, *Alte Vorbilder des Sufitums. Zweiter Teil: Scheiche des Ostens.* Wiesbaden 1996, S. 300).

Kontemplation im höchsten Sinne ist demnach die Vergegenwärtigung Gottes, die Vergegenwärtigung des Unendlichen, vor dem der endliche Mensch nicht bestehen kann: »Wer in seinem Gedenken sein Ich sieht, sieht sein Ich in Gegenüberstellung (*muqābala*) zu dem, dem nichts gegenüberstehen kann.« (GRAMLICH S. 300). Auf dieser höchsten Stufe der Vergegenwärtigung Gottes selbst muß der Schauende »entwerden« (»*fanā'*«), er muß sein »Ich« vollkommen von Gott nehmen lassen.

Islamische Kontemplation ist mithin eine Tätigkeit, deren spiritueller Weg von der zusammenschauenden Vergegenwärtigung der Wirkweisen Gottes bis hin zur Selbstaufgabe des Ich in der Vergegenwärtigung Gottes, durch Gott selbst, führt. Dies ist der höchste Ausdruck der Gottesliebe, der Liebe Gottes zu den Menschen und der Liebe der Menschen zu Gott. Diese Liebe lässt alles Weltliche, die ganze Welt gering erscheinen, ja wertlos und daher allen Inhalt dieser Welt als bedeutungslos und nur insofern als liebenswert, als sie als Gottes Werk betrachtet werden kann (vgl. *Mystik* 2.3.), so dass sich vollkommene Gelassenheit gegenüber allem Nichtgöttlichen einstellt.

2.4. Hinduismus

Die Vielzahl der indischen Religionen, die unter dem Begriff »Hinduismus« benannt sind, lassen eine große Vielzahl von Bedeutungen und Bestimmungen von »Kontemplation« erkennen. Und doch ist es möglich, eine Gemeinsamkeit festzustellen, die in vielen Schulen der großen Religionen übereinstimmend ist. Wenn »Kontemplation« die Tätigkeit eines zusammenfügenden Schauens ist, so kann diese Tätigkeit für die großen Lehren der *Advaita*-Schulen, des *Yoga* und des *Bhakti* als höchster Weg und höchstes Ziel exemplarisch gezeigt werden. Dabei ist zunächst vor allem darauf zu achten, dass hier im Sanskrit von »*samādhi*« – wörtlich »Zusammen-Heransetzen«, »Zusammenfügen«, »Zusammenlegen«, also genau von »Kontemplation« gehandelt wird, während der Begriff »*dhyāna*« – wörtlich »Heransetzen«, oftmals mit »Versenkung« wiedergegeben, dem lateinischen »meditatio« entspricht, also zu »Meditation« korrespondiert. Die genaue Unterscheidung dieser Begriffe ist besonders gut im berühmten »Yoga-Sutra«, das Patanjali (wohl 2. Jhd. v. Chr.) zwar zugeschrieben, aber etwa im 4.–6. Jhd. n. Chr. in vorliegender Fassung entstanden sein mag, zu fassen, wenn es dort heißt: »Wenn die Betrachtung über einen bestimmten Bewusstseinsgegenstand so vor sich geht, daß sie sich wie ein Faden fortspinnt, so ist das die Versenkung [*dhyāna*]. Wenn Versenkung der ihr eigentümlichen Wesensform (Entgegensetzung von Bewußtsein und Bewußtseinsgegenstand) gleichsam ledig ist und nur noch als die Sache selber aufstrahlt, so ist das die Einfaltung [*samādhi*].« (Patanjali, *Yoga-Sutra* III,2–3; Übersetzung J. W. Hauer, *Der Yoga. Ein indischer Weg zum Selbst.* 2. A. Stuttgart 1958, S. 249).

Was nun wird »zusammengefaltet«, »zusammengefügt«? Allen genannten indischen Schulen ist der Gedanke des absoluten Wirkens von Kausalität, von Ursache-Wirkungs-Verhältnissen gemeinsam. Diese Kausalität ist mit Temporalität verbunden, diese wiederum bedeutet Vergänglichkeit. Vergänglichkeit aber ist »*duḥkha*«, »Leid«, weil ja auch die größten Freuden vergänglich sind (vgl. Patanjali, *Yoga-Sutra* II, 15). Um nun einerseits nicht in der Fortfolge von Wiedereinkleidungen immer wieder das Leid der Vergänglichkeit zu erleben, und um andererseits zur vollkommenen Freude der vollkommenen Ruhe zu gelangen, ist der Weg der Kontemplation zu gehen, wie es schon zu Beginn des »Yoga-Sutra« heißt: »Der Yoga ist das Zur-Ruhebringen der Bewegungen der inneren Welt« (I, 2). Das Hochziel der Kontemplation, das Hochziel »*samādhi*« lässt alle Vielheit des Vergänglichen in vollkommene Gegenwart »eingefaltet« untergehen. Hier erkennt der Wissende »Nicht-Zweiheit«, »*Advaita*« von Allem, so die Nicht-Dualität von innerstem Lebenskern (»*ātman*«) jedes Lebewesens mit dem Urprinzip (»*brahman*«) von Allem, also eine ewige Identität als Monismus, wie dies in den Vedānta-Schulen gelehrt wird; hier schaut und erkennt der Liebende in liebender, sich verschmelzender Hingabe (»*bhakti*«) den »Höchsten Herrn« (»*ishvara*«): »Wer den Höchsten Herrn schaut, / der gleichermaßen existiert in allen Wesen / und nicht zugrunde geht, wenn sie zugrunde gehen, / der schaut richtig. // Denn wer den Herrn [»*ishvara*«] schaut, / der allem gleich innewohnt, / verletzt das Selbst [»*ātman*«] nicht durch das Selbst. / Sodann gelangt er zum höchsten Ziel.« (*Bhagavad Gītā*, 13,27–28; Übersetzung M. v. Brück, *Bhagavad Gītā. Der Gesang des Erhabenen.* Frankfurt 2007, S. 93).

So ist auch in großen Schulen des Hinduismus »Kontemplation« eine Zusammenschau, die die erscheinende Welt in ihrer Vielheit untergehen lässt, damit auch jenes »Leid« der Vergänglichkeit. Und eben dadurch wird Ruhe und Glück erreicht im Unterschied zur kausal getriebenen, vergänglichen Welt. So wird Kontemplation, »*samādhi*«, zu einem Weg und zugleich Ziel von Spiritualität, um innerhalb des Monismus des Hinduismus in einer einzigen ruhigen substantiellen Wirklichkeit frei bei sich selbst zu sein.

2.5. Buddhismus

Der Buddhismus ist, gleich dem Hinduismus, in eine große Anzahl von Schulen und Systemen unterteilt, die sich im Laufe der Geschichte und an verschiedenen Orten entwickelt haben. Daher ist es nicht möglich, eine einheitliche Übertragung des Begriffs »Kontemplation« für alle diese Schulen zu finden. Und doch kann für viele Schulen gesagt werden, dass die erhobene Bestimmung von »Kontemplation« als »Zusammenschau« kaum von Bedeutung ist, selbst wenn das Subjekt dieser Schau, der Schauende, in der Schau untergeht. Dies deshalb, weil die überragende Erkenntnis des SIDDHARTHA GAUTAMA BUDDHA darin besteht, die in der altindischen Tradition als Weltgesetz angenommene Kausalität auf ihre Konditionalität hin zu durchschauen: Nur *wenn* ein Subjekt angenommen wird, das losgelöst von aller Vielheit substantiell Einheit ist, ist eine Loslösung vom Leid der Vergänglichkeit vonnöten – sobald aber erkannt wird, dass ein solches Subjekt, ein »Ich« oder eine Person, gar nicht existiert, wird durch die konditionale Wechselbeziehung von Allem eine solche Loslösung unmittelbar vollzogen. Dies ist der Kern der »*anatta*«-Lehre, der »Nicht-Atman«-Lehre des BUDDHA und des Buddhismus. Daher muss im Buddhismus der Begriff »*samādhi*« in einer Bedeutungsverschiebung gesehen werden, nämlich zunächst als dasjenige, was »Meditation« meint, indem »*samādhi*« als »Sammlung« das »gleichmäßige und vollkommene Festhalten … und Verharren des Geistes und der Geistesfähigkeiten bei einem einzigen Vorstellungsobjekte« (Visuddhi-Magga III, 84f.; NYANATILOKA, *Visuddhi-Magga oder der Weg zur Reinheit.* Konstanz 2. A. 1952, S. 102) meint. Auch der Terminus »*bhāvanā*«, von der Bedeutung her von »hervorbringen« abgeleitet, ist daher der »Meditation« zugehörig. Daher ist es schwierig, »Kontemplation« in den alten Schulen des Buddhismus zu finden.

Im chinesischen Chan-Buddhismus wie auch im japanischen Zen-Buddhismus erscheint hingegen der Begriff angebracht, wenn damit die Selbst-lose Identifikation mit dem Buddha, also die Aufgabe der Subjekt-Objekt-Differenz im Sinne einer »Zusammenlegung« bezeichnet wird. Der Titel des ersten Kapitels des für den Chan-Buddhismus und Zen-Buddhismus hochbedeutenden »Lankavatara-Sutra« wird entsprechend interpretiert, und genau hier ist eine Entsprechung zu »Kontemplation«: »Der ursprüngliche Titel des ersten Kapitels lautete, ›Alle Worte Buddhas sind mit dem Geist verbunden‹, aber die Anhänger der Chan-Schule machten daraus ›Dem Geist aller Buddhas den ersten Rang geben‹. Das ›Lankavatara-Sutra‹ legte also ein Prinzip für das Rezitieren von Buddhas Namen fest: Der Geist aller Buddhas steht an erster Stelle. Der Geist aller Buddhas ist jedoch auch der Geist aller Kreaturen, und der Geist aller Kreaturen ist der Geist aller Buddhas … In dem Moment, in dem der Geist den Namen Buddhas rezitiert, ist er selbst der Buddha, er wird mit dem Buddha völlig eins.« (Jing Hui, *Die Tore des Chan-Buddhismus*, Bielefeld 2010, S. 82f.). Hier wird »*samādhi*« vollzogen, Kontemplation geübt. Ebensolches gilt für den Weg und die Übungswege des Zen-Buddhismus.

Kontemplation ist für den strengen Buddhismus der Teravāda-Schulen ein Irrweg, weil damit Substanz behauptet werde, für die großen Schulen des Mahāyāna-Buddhismus jedoch ein Weg zur Vollkommenheit der Selbst-Aufgabe des Ich, dessen Selbst-Behauptung erlösungshinderlich ist.

3. Zusammenfassung

»Kontemplation« ist von »Meditation« genau zu unterscheiden. In den großen Religionen wird dieser Unterschied durchaus gewahrt. Es finden sich dabei Übereinstimmungen in dem, was als »Kontemplation« bestimmt werden kann: eine »zusammenlegende«, auf absolute Einheit gerichtete Schau, die Gegenwart in Vollkommenheit schenkt oder erlangen lässt. Stets geht dabei jenes »Ich«, das in der Vielheit der erscheinenden Welt als Subjekt sich selbst setzt, unter. So überschreitet »Kontemplation« als Vollendung von Spiritualität und Mystik, ja von Religion alle Normen des diskursiven Verstandes hin auf jene »Ebene«, die reine Wahrheit vermittelt.

Meditation

Vgl. Achtsamkeit, Erfahrung, Erkenntnis, Gebet, Gegenwart, Ich, Kontemplation, Monismus, Mystik, Ritus, Spiritualität, Übung, Verstand, Weg, Welt

1. Wort und dessen Bedeutung

»Meditation« ist zu unterscheiden von »Kontemplation«, aber auch von beliebiger Nachdenklichkeit, wie »Meditation« in ungenauem Sprachgebrauch nicht selten gebraucht wird. So ist hier zunächst die Wortbedeutung zu erheben, um sodann die Möglichkeit der Übertragung dieser Bedeutung in andere Religionen und Kulturen zu versuchen.

»Meditation« geht auf die indogermanische Wortwurzel »*med*« zurück, die auch im deutschen Wort »messen« zu hören ist. Der Infinitiv des lateinischen Verbs »*meditari*« ist reflexiv und heißt demgemäß »für sich messen«, »für sich ermessen«, mithin auch ein Objekt genauestens betrachten, sei es ein Objekt der sinnlichen oder der geistigen Wahrnehmung. Von Bedeutung ist dabei, dass dieses Objekt als ein statisches, feststehendes erblickt oder gedacht wird, nicht als ein Prozess oder Vorgang, wie dies bei der Kontemplation zunächst begegnet. Dieses Objekt wird in höchster Achtsamkeit und möglichstem Ausschalten aller anderen sinnlichen und intellektuellen Eindrücke in den Blick genommen, indem auch der Betrachter möglichst zu vollkommener Ruhe und ausschließlicher Konzentration auf das Objekt kommt. Insofern ist »Meditation« gleichsam die letzte Vorbereitung von »Kontemplation«, in der das Objekt mit dem betrachtenden Subjekt »zusammengelegt« wird. In der »Meditation« wird eine Gegenwart im Sinne einer Anwesenheit bei dem Objekt erreicht, die kein »Drittes« zwischen Betrachter und Betrachtetem zulässt. Als Übung der Spiritualität ist »Meditation« daher geeignet, ein Loslassen von der Vielheit der Welt sowie vom eigenen Ich zugunsten einer einheitlichen, alle Tätigkeiten des diskursiven Verstandes und alle Willensakte übersteigenden Erfahrung oder Erkenntnis zu erlangen.

2. Meditation als spirituelle Praxis in den Weltreligionen

Wie auch »Kontemplation« ist Meditation eine in allen Weltreligionen geübte, von Kontemplation genau unterschiedene spirituelle Praxis, die auf Gegenwart des Praktizierenden bei einem ruhigen, als unveränderlich gedachten Objekt zielt. Daher fordert Meditation zunächst ein Zur-Ruhe-Kommen des Betrachters, wozu verschiedene Übungen dienen.

2.1. Christentum

Der Sprachgebrauch des lateinischen Wortes »*meditari*« wird bei CICERO (106–43 v.Chr.) deutlich, wenn er schreibt: »… weil die Vorsicht und die Vorbereitung des Geistes Schmerz sehr zu lindern vermag, soll immer vom Menschen alles Menschliche *genau in den Blick genommen (»meditata«)* werden.« (*Tusculanae disputationes 3, cap. 30*), wobei vor allem das feststehende, unveränderliche Ereignis des eigenen Todes gemeint ist (CICERO, *Cato Maior de Senectute, cap. 20*). Dieses »in den Blick Nehmen«, »Vorstellen« wird in der christlichen Tradition insbesondere auf den unveränderlichen Text der

Heiligen Schrift angewandt, wofür der Kirchenvater AMBROSIUS (um 340–397) wichtiger Zeuge ist. In der lateinischen Übersetzung der Psalmen beginnt der erste Psalm mit den Worten »Glücklich der Mann, ... der auf das Gesetz des Herrn seinen Willen richtet und dessen Gesetz in den Blick nimmt [*»meditabitur«*] bei Tag und bei Nacht«, und Psalm 118,97 lautet: »Wie sehr liebe ich dein Gesetz, Herr! Den ganzen Tag ist es meine In-den-Blick-Nahme! [*»tota die meditatio mea est«*]«. Und eben dies »in den Blick Nehmen« kommentiert AMBROSIUS als ausschließliche und alles andere ausschließende Tätigkeit (*In psalmos* 118,3,7), wobei der Aspekt der Wechselbeziehung zwischen dem Betrachter und dem Betrachteten von Bedeutung ist, indem die Schrift, zumal Jesus selbst, als Berater für den Betrachter auftritt. Diese Wechselbeziehung wird gleichsam zu einem Dialog, wofür die Schrift »Liber Meditationum« – »Buch der Meditationen« des AURELIUS AUGUSTINUS (354–430) bestes Beispiel ist. Die Übung, dieses »In-den-Blick-Nehmen«, diese *»meditatio«* zu betreiben, empfiehlt auch der Heilige BENEDIKT (um 480–547) in seinen »Mönchsregeln« (VIII,6f.), und ANSELM VON CANTERBURY (1033–1109) bemerkt im Prolog zu seinem »Liber meditationum« – »Buch der Meditationen«, dass diese Meditationen *»non sunt legendae in tumultu, sed in quietate«* – »nicht in Unrast zu lesen sind, sondern in Ruhe«. Damit sind wesentliche Grundzüge christlicher Meditation genannt: Ruhe des Betrachters, Unveränderlichkeit (Ruhe) des Betrachteten, Ausschließlichkeit der Betrachtung, Wechselbeziehung zwischen Betrachter und Betrachtetem.

THOMAS VON AQUIN (1225–1274) differenziert im Anhalt an RICHARD VON ST. VIKTOR (um 1110–1173) »Meditation« von »Kontemplation« (Summa Theologiae II-II, 180, ad 1). Die Meditation gehört demnach zu einem »Prozeß des Verstandes«, aus gewissen erreichten Prinzipien zur »Kontemplation« einer bestimmten Wahrheit zu gelangen. Wenn THOMAS hier vom »Verstand« (»ratio«) spricht, so gebraucht er diesen Begriff als jene geistige Fähigkeit des Menschen, einen Gegenstand konzentriert in den Blick zu nehmen. So ist die Meditation die letzte Voraussetzung der Kontemplation, und ebenso nimmt Ignatius von Loyola (1491–1556) in seinen »Geistlichen Übungen« den Begriff auf, der in der ersten der vier Übungswochen der Vergegenwärtigung, zumal der Heiligen Schrift, dienen soll.

Christliche Meditation ist mithin bestimmt als eine ruhige, ausschließliche und anderes ausschließende Betrachtung eines unveränderlichen Objekts, zu dem Anwesenheit, aber nicht Identität erlangt wird.

2.2. Judentum und Islam

Auch Judentum und Islam kennen eine Entsprechung zu dem, was im lateinischen Wortgebrauch und in der lateinischen christlichen Tradition unter »Meditation« verstanden wird. In beiden Religionen ist dies vor allem die Betrachtung der als ewig und unveränderlich angesehenen jeweiligen Heiligen Schrift, der Tora im Judentum, des Koran im Islam. In beiden Religionen ist auch die Rezitation von Texten aus der jeweiligen Schrift Gegenstand spiritueller Übung. Und auch hier ist Meditation, etwa in der konzentrierten Betrachtung der Wirkweisen Gottes, gleichsam Vorstufe zur Kontemplation.

Für das Judentum ist »*kavvanah*«, die zielgerichtete »Intention« und Konzentration auf den jeweils zu vollziehenden Akt, nicht nur beim Gebet von größter Bedeutung, sondern bei der Erfüllung aller Gebote. Nicht nur mit »Mund und Lippen«, sondern mit dem »Herzen« soll gebetet, soll gehandelt werden (vgl. Jesaja 29,13), ist doch das Gebet vor allem »Gottesdienst des Herzens« (Babylonischer Talmud, Traktat Ta'anit 2a). Diese Intention bezieht sich durchaus auch auf die Wiederholungshandlung, den Ritus, zumal gerade dabei die Konzentration gefährdet ist durch Gewohnheit. Diese Intention bezieht sich aber auch auf das Studium der Tora, zumal auf die Vergegenwärtigung der Herrschaft des Einen Gottes: »So sollst du nun heute wissen und zu Herzen nehmen, daß der Herr Gott ist oben im Himmel und unten auf Erden und sonst keiner, und sollst halten seine Rechte und Gebote …« (Deuteronomium 4,39f.). Somit wird in den Blick genommen, was in der Vielheit des Erscheinenden nicht sogleich deutlich wird: alles ist auf Gott bezogen. Der geistige Blick lässt daher die Welt als von Gott selbst her bewirkt und geleitet erkennen. So soll diese Art der Meditation eben möglichst ununterbrochen geschehen, wie es im ersten Psalm (s. o.) anklingt. Meditation wird dadurch zu einer Grundhaltung, die zwar geübt, aber nicht von der täglichen Praxis geschieden sein soll.

Für den Islam gilt, dem Judentum gleich und in Anlehnung an Psalm 1: »O ihr, die ihr glaubt, gedenket Gottes in vielem Gedenken und preist Ihn morgens und abends!« (Koran 33,41. Übersetzung A. M. Karimi: Der Koran. Hrsg. von Bernhard Uhde. Freiburg 2009). Aber diesem Gottgedenken geht die Meditation (»*tafakkur*«) voran, die Meditation, die vor Augen stellt, wie groß Gott ist, ohne über Gott selbst zu meditieren, denn das Nachdenken (*tafakkur*) über Gott gilt als Sünde und Unglaube. Worüber also ist zu meditieren? Zunächst ist die Voraussetzung zu schaffen: Abstand von allem Weltlichen, Rückzug von allem Weltlichen: »Isrā'īl … war ein Mann der Besinnlichkeit (*tafakkur*) und gewissenhaft. Einens Tages sah ich ihn, von einer Menge umringt, dasitzen, ohne daß er überhaupt jemanden wahrgenommen hätte, so sehr war er ins Nachsinnen und Meditieren über die Sache des Jenseits versunken. Da habe ich erkannt, daß er ein rechtschaffener Mann ist, der mit nichts Geschaffenem etwas zu tun hat.« (nach Richard Gramlich, *Alte Vorbilder des Sufitums. Zweiter Teil: Scheiche des Ostens.* Wiesbaden 1996, S. 20f.). So richtet sich der meditative Blick auf das Geoffenbarte des Koran, alles Weltliche ausschließend. Dies gleicht einer Intensivierung von »Islam«, also von »Hingabe« des eigenen

Willens an Gottes Willen. Intensiv zu betrachten sind aber nicht nur die Wirkweisen Gottes in Diesseits und Jenseits, sondern auch seine Wirkweisen im Innern des Menschen: »Sufi ist der, der auf Grund von Nachdenklichkeit redet und dessen Innerstes durch Besinnlichkeit [»*tafakkur*«] erleuchtet ist.« (GRAMLICH, a.a.O. S. 306f.). Und schließlich ist dies Meditieren auch als Dank über die Gaben Gottes empfohlen. Diese Meditationen können mit verschiedenen Techniken geübt werden, wie sie in den großen Schulen der islamischen Mystik gelehrt werden.

Die Meditation im Islam ist also ein Mittel, sich gleichsam Gott gegenüber zu stellen und auf die »Zeichen für die Betrachtenden« (Koran 15, 75) genau zu achten. Sie ist eine »Reise ins Innere und eine Reise des Inneren«. Im Gebet, in Segenssprüchen und allen gottgewollten Handlungen kommt dies zum Ausdruck, ist aber darüber hinaus auch begleitet von einem Ritus gleichenden Techniken körperlicher und geistiger Art.

2.3. Hinduismus und Buddhismus

Im Hinduismus, jener unter dieser Bezeichnung zusammengefassten Pluralität indischer Geisteswelt, mag »Meditation« schon vom Wortsinn her sehr treffend mit »*dhyāna*« – wörtlich »Heransetzen«, wiedergegeben werden, wofür auch oftmals, aber sprachlich nicht ganz treffend, »Versenkung« gebraucht wird. Die genaue Unterscheidung der Begriffe Meditation und »Kontemplation« ist besonders gut im berühmten »Yoga-Sutra«, das PATANJALI (wohl 2. Jhd. v. Chr.) zwar zugeschrieben, aber etwa im 4.–6. Jhd. n. Chr. in vorliegender Fassung entstanden sein mag, zu fassen, wenn es dort heißt: »Wenn die Betrachtung über einen bestimmten Bewusstseinsgegenstand so vor sich geht, daß sie sich wie ein Faden fortspinnt, so ist das die Versenkung [*dhyāna*]. Wenn Versenkung der ihr eigentümlichen Wesensform (Entgegensetzung von Bewußtsein und Bewußtseinsgegenstand) gleichsam ledig ist und nur noch als die Sache selber aufstrahlt, so ist das die Einfaltung [*samādhi*].« (Patanjali, Yoga-Sutra III,2–3; Übersetzung J. W. Hauer, *Der Yoga. Ein indischer Weg zum Selbst.* 2. A. Stuttgart 1958, S. 249). »*Dhyāna*« ist eine von Konzentration (»*dhāranā*«) getragene Betrachtung, die aber über den Verstand hinausführend eine unbedingte, vollkommen einheitlich vollzogene Sammlung heraufführt, die »*ekāgratā*«, wörtlich »Ein-Spitzig-keit« genannt wird: Wie mit einer Speerspitze durchdringt der Betrachtende mit spiritueller Kraft das Objekt, das seinerseits nun gleichsam aufstrahlt und den Betrachter umhüllt, ohne dass dieser – wie in »*samādhi*«, in der Kontemplation – sein Selbst aufgibt. Und doch gewinnt er damit jene akausale Ruhe, die ihn vorbereitet, aus dem Getriebe der sich stets wandelnden Welt auszuscheiden in einen Zustand absoluter Gegenwart. Diesem dient auch das Murmeln jener heiliger Silben, deren Bedeutung das Absolute selbst ist, so etwa die Silbe »*om*«; das die Silbe immer wieder wiederholende Murmeln schafft Vergegenwärtigung, Verwirklichung (»*bhāvanā*«) des Bedeutungsinhalts.

Diese Form der Meditation ist eine der wichtigsten spirituellen Praktiken im Hinduismus. Alles Weltliche, sei es materielles oder gedankliches, ist auch hier Hindernis auf dem Weg zu »innerer Einheit« (Patanjali, Yoga-Sutra I,30f.). Die sichtbare und gedankliche Welt der Bewegung muss auf ihren inneren ruhigen Kern durchschaut werden, um selbst durch die Meditation und die darauffolgende Kontemplation überwunden zu werden, womit auch alles Leid des Daseins überwunden ist.

Im Buddhismus ist »Meditation« ein Kerninhalt auf dem Weg zur erlösenden Erkenntnis. Das letzte Glied des »Achtfachen Pfades«, eines Heilsweges, der die Bedingung der Möglichkeit der erlösenden Erkenntnis schaffen soll, ist »*sammā samādhi*«, »rechte Sammlung«. Genau dies bezeichnet den Inhalt dessen, was mit »Meditation« begriffen wird: das »gleichmäßige und vollkommene Festhalten … und Verharren des Geistes und der Geistesfähigkeiten bei einem einzigen Vorstellungsobjekte« (Visuddhi-Magga III,84f.; NYANATILOKA, *Visuddhi-Magga oder der Weg zur Reinheit.* Konstanz 2. A. 1952, S. 102). »Sammlung« ist dabei die vollkommene Ausrichtung des Geistes auf ein Vorstellungsobjekt, und zwar so, dass dieses Objekt in eine konditionale Wechselbeziehung zum Meditierenden tritt. Daher wird der Terminus »*bhāvanā*«, von der Bedeutung her von »hervorbringen« abgeleitet, für »Meditation« verständlich. Auch hierzu sind verschiedene Techniken dienlich, sowohl körperlicher wie geistiger Art. Von Bedeutung ist der Gewinn der »Reinheit der Erkenntnis«, die eine Voraussetzung für den »Eintritt in den Erlöschungszustand« sein kann, in dem vor allem der Gedanke an ein eigenes, unabhängiges und substantielles »Ich« verweht. Von großer Bedeutung ist dabei, dass die dem natürlichen Verstand als Illusion (»*māya*«) vorgespielte Differenz zwischen statischem Subjekt und statischem Objekt aufgehoben wird. Diesem Ziel widmen sich vor allem die Wege des Zen-Buddhismus mit mannigfachen Übungen.

Meditation in den buddhistischen Schulen kann aber auch Ausrichtung auf das gnadenhafte Wirken von Wesen sein, die wie der Buddha selbst ihr vollkommenes Verlöschen zurückgestellt haben und sich anderen Lebewesen helfend zuwenden. Diese »Bodhisattvas«, die »das Wesen eines Buddha Habenden«, Wesen, die Erkenntnis haben, werden wie der Buddha selbst innerhalb mancher Mahāyāna-Schulen meditativ vergegenwärtigt und in Gebet und Ritus verehrt.

Meditation im Buddhismus ist eine wichtige, ja wichtigste Methode, der Illusion vom eigenen »Ich« zu entfliehen und damit auch allem Leid des Daseins, um »Nirvana«, »Verwehen«, »Verlöschen« zu erreichen.

3. Zusammenfassung

»Meditation« ist von »Kontemplation« genau zu unterscheiden. In der Meditation erhält sich ein »Gegenüber« in engster Anwesenheit beim Meditationsobjekt, oder aber – Buddhismus – beide gehen unter im »Verlöschen«. Ziel der Meditation ist die Vorbereitung der Kontemplation, oder aber – Teravāda-Buddhismus – der Erkenntnis. So erhält die Meditation einen letzten Dualismus, bevor dieser in kontemplativen Monismus übergeht.

Meister – Schüler

(Miriam Münch)

Vgl. Übung, Weg

Fast alle Religionen kennen die Figur des spirituellen Meisters, der neben dem Priester und dem Propheten eine der Urgestalten der Religion, geradezu einen religionsgeschichtlichen Archetyp darstellt.

Im religiösen Sprachgebrauch ist es oft nicht möglich, zwischen dem spirituellen Meister und dem spirituellen Lehrer zu unterscheiden. So könnte man eine Unterscheidung so ansetzen, dass der Meister ein umfassenderer Begriff ist. Seine Funktion ist dabei mit der eines Handwerksmeisters vergleichbar, der zwar ein gestandener Handwerker aus Schrot und Korn sein muss, kundig in seinem Fach und von großer (Kunst-)Fertigkeit, zudem aber auch ein Lebensmeister für seine Lehrlinge, denen er nötiges Wissen, rechtes Können und richtiges Tun vermittelt und in Handwerk und Lebensführung ein Vorbild sein soll. So könnte man den Lehrer als eine Stufe auf dem Weg hin zum Meister begreifen und folgern, dass jeder Meister auch ein Lehrer ist, nicht jeder Lehrer aber (schon) ein Meister.

Ein unterscheidendes Merkmal des Meisters gegenüber dem Lehrer ist auch, dass nur der Meister andere Lehrer und letztlich, wenn er eine eigene Schule gründen will, auch Meister ernennen kann, ihm obliegt also eine Vollmacht, während der Lehrer sich an die Lehre bindet, die er lehrt und darüber hinaus auch oft an einen Meister, auf den diese Lehre zurückgeht und der ihm die Lehrerlaubnis erteilt hat. Auch sind mit dem Konzept des Meisters in vielen Religionen ein Absolutheitsanspruch und eine exklusive und sogar unlösbare Bindung verbunden. An den einen Meister bindet sich ein Schüler oder Jünger sein Leben lang, während es denkbar ist, für verschiedene Lebensbereiche verschiedene Lehrer zu haben. Der Versuch einer Abgrenzung der beiden Begriffe kommt jedoch an eine Grenze, da vor allem in den Religionen, in denen das Wissen (z.B. Hinduismus) und das Lernen (z.B. Judentum) zentral für das Heilsverständnis sind, die Bezeichnungen Lehrer und Meister oftmals synonym verwendet werden, wie an Beispielen aus den einzelnen Religionen zu zeigen sein wird. Zunächst soll aber eine Annäherung an das Meistersein über eine literarische Figur versucht werden, anhand derer sich Meister-Topoi zeigen lassen, die sich auch in den Religionen wiederfinden.

1. Eine Annäherung an den Meister: Meister Sachs

Dass bei einem rechten (Handwerks-)Meister die Grenzen von Handwerk und Kunst verschwimmen, zeigt Richard Wagners Oper *Die Meistersinger von Nürnberg*, in der sich der Meister Sachs, seines Zeichens Schuster, trotz mancher Versuchung als wahrer Meister der Lebenskunst erweist. Ohne das Einhalten der »Meisterregeln«, die Sachs in Form eines »Meisterlieds« an seinen Schüler Stolzing weitergibt, kann man im Leben keine Könnerschaft erreichen. Dies wird durch die Figur des vom »Wahn« und der Sucht nach Anerkennung, Macht und Geld geblendeten Anti-Meisters Beckmesser deutlich. Ein wahrer Meister betrachtet die Dinge mit dem gebührenden Abstand und erkennt, dass es der »Wahn« ist, der den Weltenlauf regiert und für den sich »bis aufs Blut//die Leut' sich quälen und schinden//in unnütz toller Wut!« (3. Aufzug, 1. Szene), indem sie ihr ganzes Streben auf Nichtigkeiten ausrichten.

Hinsichtlich dieser Meisterregeln empfiehlt Sachs seinem Schüler: »Die Meisterregeln lernt beizeiten,//daß sie getreulich Euch geleiten//und helfen wohl bewahren,//was in der Jugend Jahren/mit holdem Triebe Lenz und Liebe//Euch unbewußt ins Herz gelegt,//daß Ihr das unverloren hegt.« (3. Aufzug, 2. Szene). Die hier in poetischer Weise geschilderten Merkmale weisen einige Parallelen zum religiösen Meister-Schüler-Verhältnis auf, was wiederum für die wahre Meisterschaft des Komponisten und Librettisten RICHARD WAGNER spricht; so ist der Meistertitel auch die höchste Auszeichnung für einen Künstler (Zum Meister-Schüler-Verhältnis in Kunst, Literatur, Musik und Philosophie siehe bes. GEORGE STEINER, *Der Meister und seine Schüler*. München 2004).

Der Meister versteht sich als Führungsfigur, die im Besitz einer Lehre ist (»Meisterregeln«), welche der Schüler in möglichst jungen Jahren lernen soll, damit sie ihm später Schutz und Orientierung (»getreulich geleiten«) bieten und ihn auf dem rechten Weg halten kann. Was gelernt werden soll, ist aber nicht etwas völlig Äußeres, vielmehr soll eine Haltung eingeübt werden, durch die das, was der Schüler schon in seinem Inneren trägt, kultiviert wird und nicht verloren geht. »Faßt zu einem Meisterliede Mut«, fordert Meister Sachs seinen Schüler auf und bringt damit einen weiteren wichtigen Aspekt der Meisterrolle zum Ausdruck, nämlich die Ermunterung und Ermutigung des Schülers, mit Mut und Tatkraft den eigenen Weg zu gehen. Doch auch der Verzicht des Meisters wird thematisiert, der seiner Rolle gerecht werden muss und den Fortschritt des Schülers über die eigenen (kurzfristigen) Interessen stellt; Sachs verzichtet zugunsten seines Schülers darauf, um die junge Eva zu werben. Die Meisterschaft zu erlangen und zu erhalten bedarf der »Not und Müh« und niemand, der ungestüm nach dem Ziele rennt oder Hochmut an den Tag legt, wird jemals auch nur als Schüler akzeptiert.

2. Rabbi und Guru: eine exemplarische Betrachtung des Meister-Schüler-Verhältnisses in den Weltreligionen

Nicht weit entfernt davon, Künstler zu sein, sind die »Meister des Weges« (Gertrude u. Thomas Sartory), die spirituellen Lehrmeister in den Religionen. Auch sie haben der Vollendung einer Kunst, der Kunst der Vervollkommnung und Vertiefung, ein jahrzehntelanges Ringen, Üben und Mühen gewidmet. Ein Meister des Weges ist die sichtbare Verkörperung des Ziels, das der Schüler, der Jünger, erreichen will; er muss das zu Lehrende selbst geübt, selbst erfahren haben. Eine wichtige Rolle spielt dabei der Gedanke der Nachahmung paradigmatischer Taten des Lehrers, z. B. im Christentum die *imitatio Christi.*

Meisterfiguren weisen in den verschiedenen Religionen wie auch die Übungswege große Ähnlichkeiten auf. Die Wege der Meister sind Wege zum Zentrum, und je näher man an das Zentrum gelangt, desto mehr ähneln sie sich. So zeichnen sich religiöse Meister, zumindest die kontemplativer Richtungen, gerade dadurch aus, dass sie in dem, was zunächst wie ein Weg nach oben, zu einem Höheren, Transzendenten, Göttlichen erscheint, den Weg nach Innen weisen (vgl. Gertrude u. Thomas Sartory). Deshalb, aber auch wegen ihrer herausragenden Weisheit und ihres Charismas werden viele große Meister auch von Anhängern anderer Religionen als inspirierend empfunden.

Im Folgenden werden exemplarische Konzepte des Lehrer-Schüler- bzw. Meister-Schüler-Verhältnisses aus Judentum, Christentum und der indischen Religiosität vorgestellt, die seit langem und bis heute eine große Wirksamkeit auch über die Grenzen der jeweiligen Religionen hinaus entfalten.

Eine Religion der Lehrer *par excellence* ist das Judentum, dessen zentrale Lehrerfigur der *Rabbi* ist, ein Titel der von der semitischen Wurzel *rav* (groß sein) abgeleitet ist und übersetzt »mein Lehrer«, »mein Herr« bedeutet. Indem schon der Titel das Possessivpronomen enthält, wird deutlich, dass es den Lehrer nur durch seine Schüler gibt, dass hier also eine Beziehung angegeben wird. Während unter Rabbis bzw. Rabbinern heute in erster Linie Gemeindeleiter verstanden werden, war die ursprüngliche Funktion, wie sie auch Jesus gemäß den Evangelien für sich in Anspruch nahm, die eines meisterhaften Lehrers, nicht nur hinsichtlich der Schriftgelehrsamkeit; man denke an den christlichen Mystiker MEISTER ECKHART, der als *lesemeister* und *lebemeister* gilt. Die jüdische Religion, wie wir sie heute kennen, ist maßgeblich geprägt durch die Gesetzesauslegung der großen Lehrer des Judentums, der Rabbinen der ersten nachchristlichen Jahrhunderte, deren gelehrte Diskussion, Witz und Lebensweisheit bis heute verbindlich in *Mischna* (= das zu Wiederholende) und *Talmud* (= Belehrung) verewigt sind. Diese sogenannte *mündliche Tora* tritt zur schriftlichen hinzu und sollte ihrer Ursprungsintention nach nicht niedergeschrieben, sondern durch mündliche, zu wiederholende Lehre vom Lehrer an den Schüler weitergegeben werden. Diese großen Lehrer (z. B. Rabbi Akiba) hatten Familien und mussten einem Brotberuf, oft ein Handwerk, nachgehen. Die Verbindung von göttlicher Weisung (*Tora*) und Leben, von Heiligkeit und Alltag ist bis heute ihr strahlendes Verdienst. So heißt es in den *Sprüchen der Väter* in einem Plädoyer: »Wer aber Tora mehrt, mehrt Leben« (Babylonischer Talmud, Traktat Avot 2,8). Das Verhältnis von Schüler und Lehrer wird dabei als ein so intimes begriffen, dass im

Talmud überliefert wird, dass ein Schüler seinem Lehrer heimlich sogar bis unter das Ehebett gefolgt ist. Von seinem Lehrer zur Rede gestellt, antwortete dieser, dass auch dies *Tora*, also göttliche Weisung, sei; der Schüler forderte das Recht ein, auch auf diese Weise zu lernen (Babylonischer Talmud, Traktat Berachot 62a). Neben der Intimität und Familiarität, die das Lehrer-Schüler-Verhältnis trotz der strengen Hierarchie aufweist, wird hier noch ein weiterer Charakterzug des Verhältnisses deutlich: Der Schüler muss dem Lehrer im buchstäblichen Sinne nachgehen, auch auf die Gefahr hin abgewiesen zu werden, weil das, was er lernen kann, so wertvoll ist, dass er das Risiko einer Zurückweisung eingehen muss.

Im osteuropäischen Chassidismus des 18. Jahrhunderts stellte der *rebbe*, der aufgrund seiner innigen Beziehung zu Gott und der vorbildlichen Erfüllung der Gebote auch *zaddik* (Gerechter) genannt wird, als charismatischer Gemeindeführer und spiritueller Lehrer den Mittelpunkt des religiösen Lebens dar. Die Lehrgeschichten der *rebben*, denen zum Teil (wie etwa dem *Baal Schem Tow*) auch wunderhafte Fähigkeiten zugeschrieben wurden, sind nicht zuletzt durch die Sammlung des Gelehrten Martin Buber erhalten und geben bis heute ein beredtes Zeugnis von der spirituellen Kraft dieser Lehrer.

Neben dem jüdischen *Rabbi* ist der indische *Guru* eine zentrale Meisterfigur der Religionsgeschichte. Die Bezeichnung *guru* stammt aus dem Sanskrit und bedeutet »schwer«, »gewichtig« und weist auf die Gravität und Autorität des Lehrers hin. In der jüdischen Tradition spielt das Lernen eine zentrale Rolle, und im Hebräischen stammen die Wörter für die Heilige Schrift (*torah*) und Lehrer (*moreh*) aus einer Wortwurzel. Dagegen kommt es in der hinduistischen Tradition vor allem auf die Beziehung des Schülers zum Lehrer an. Von der Echtheit und Integrität des Meisters und dem Gehorsam, der Verehrung und Demut, die ihm der Schüler entgegenbringt, hängt der Heilsfortschritt ab. Die Bezeichnung *Guru* wird von Schülern verwendet, um ihren Lehrer und Meister anzusprechen, durch den sie spirituelle und lebenspraktische Unterweisung erfahren. Das Wissen des Schülers wächst dabei mit der sich entwickelnden und vertiefenden Beziehung zum Lehrer. Seine wichtige Rolle hängt mit der Bedeutung des Wissens im Erlösungsweg des Hinduismus zusammen. So wird der *Guru* auch der »Türhüter des Hauses« (vgl. GERTRUDE u. THOMAS SARTORY) genannt, der dem Schüler Einlass gewährt in das Innere, das sein eigenes Inneres ist.

Ursprünglich wurde der Vater als *guru* bezeichnet, der für die religiöse Erziehung des Sohnes zuständig war und ihn Teile des *Veda* lehrte, ähnlich wie im Judentum, wo ebenfalls zunächst der Vater für die religiöse Unterweisung des Sohnes Sorge trägt. Diese Aufgabe wurde jedoch bald an einen religiösen Lehrer, den *acarya* oder *guru*, außerhalb des Hauses vergeben, der die Schüler, vor allem Söhne der oberen Kasten hinsichtlich vedischer Literatur, aber auch Lebensführung und profaner Wissenschaft unterrichtete. Der Schüler eines *guru* wird als *shishya* (»einer, der zu züchtigen ist, unterwiesen werden soll«) bezeichnet. Durch ein Aufnahmeritual tritt der *Guru* die spirituelle Vaterschaft für seinen Schüler an; das Motiv der Vaterschaft wird auch in der christlichen Tradition der Kirchenväter aufgegriffen. Der *Guru* begleitet und führt den Schüler auf seinem spirituellen Weg; wie auch der Zenmeister, der *roshi*, muss er dabei genaue Kenntnis der körperlichen, geistigen und geistlichen Verfassung des Schülers haben, um die nächsten Schritte anzuordnen oder Blockaden zu lösen. Ziel der Unterweisung ist, durch Kenntnis des göttlichen Gesetzes (*dharma*) und dessen Erfüllung eine günstigere Wiedergeburt zu erlangen. Ähnlich wie bei den jüdischen Rabbinen gibt es auch bei den *Gurus* oftmals Sukzessionslinien (*parampara*); würdige Schüler verbreiten die Lehre oder Botschaft eines Gurus weiter und gründen damit sogar eine Schule. Besonders in der tantrischen Tradition existiert die Vorstellung einer direkten Weitergabe von Lehren in Form einer unmittelbaren geistigen Übertragung von Lehrer zu Schüler. Indem diese Tradition als lückenlos aufgefasst wird, erhält der Schüler quasi eine Offenbarung der Lehre durch die Gottheit selbst. Hier wird deutlich, wie eng die Lehrer-Schüler-Kette gedacht wird. Genau wie die Lehre werden auch Kraft und Heil direkt vom Lehrer auf den Schüler übertragen. Dem liegt die in der Bhakti-Tradition und im Tantrismus vertretene Vorstellung des *sadguru* zugrunde, der als Verkörperung der Gottheit gilt und deshalb wie die Gottheit verehrt wird. Der Lehrer, so heißt es, ist wie Vater, Mutter und Shiva, also Gott. Ähnlich wie im biblischen Schöpfungsbericht wir das Verhältnis des *sad-guru* zum *shishya* auch mit dem Verhältnis des Töpfers zum Ton verglichen, womit die schöpferische und menschenbildnerische Kraft betont wird. (vgl. dazu Ralph Marc Steinmann, *Gurusisya-sambandha. Das Meister-Schüler-Verhältnis im traditionellen und modernen Hinduismus.* Stuttgart 1986, 85–108.) Auch im tibetischen Buddhismus gilt der *Lama* (»der Obere«) als Manifestation des Buddha. Demgegenüber werden die buddhistischen *bodhisattvas* in erster Linie als Helfer der Menschen auf dem Weg zur Erlösung betrachtet. Denn auch dies ist gemeinsames Wissen aller Religionen: Die meisten Menschen brauchen Hilfe auf ihrem spirituellen Weg. So heißt es in der islamischen Mystik über die Notwendigkeit des Meisters, des *Shaikh:* »Wer ohne Führer reist, braucht zweihundert Jahre für eine Reise von zwei Tagen.« (vgl. Annemarie Schimmel, *Mystische Dimensionen des Islam*, Köln 1985, bes. 151ff.). Wie der Arzt, der die Krankheiten des Körpers heilen kann, wird auch der Meister gebraucht, um die Krankheiten der Seele zu heilen. Er kann dies in islamischer Tradition aber nur, wenn der Schüler ihm Liebe entgegenbringt. Auch im Christentum gilt dies: Christus, der Meister aller Meister, begegnet wie ein Arzt (vgl. Mt 9,12; Ex 15,26) heilend und lehrend. Das Meister-Schüler-Verhältnis in den Religionen bringt deshalb auch etwas allgemein Menschliches in besonderer Weise zum Ausdruck: jeder Mensch ist auf den anderen angewiesen, um von ihm zu lernen.

Monismus

Vgl. Dualismus, Ich, Kontemplation, Mystik, Welt

»Monismus«, vom griechischen Wort »μόνος« – »monos« (= »allein«) abgeleitet, bezeichnet eine Anschauung, die alles Sein und alles Seiende als ungeschieden, nicht einmal als »Zweiheit« (»Dualismus«) auffasst. Diese Anschauung hat sowohl in der Philosophie der abendländischen Tradition wie vor allem in der indischen Tradition Beachtung gefunden, während sie innerhalb von Religionen zunächst dort als unhaltbar gelten muß, wo ein Gegenüber von Schöpfer und Schöpfung, insbesondere von Gott und Mensch, geglaubt wird. Gleichwohl hat auch innerhalb eben dieser Religionen die monistische Mystik Monismus-Auffassungen vertreten (s. *Mystik*), die jedoch von der jeweiligen Orthodoxie bekämpft wurden.

Der Gedanke einer ursprünglichen und durch Irrtum verdeckten Einheit alles Seins wird besonders in der islamischen Mystik mit dem Begriff »Einheit des Seins« (»*waḥdat ul-wuǧūd*«) verbunden. Diese Einsicht wird in der Kontemplation gewonnen (s. *Kontemplation*). Es ist aber ohne Unterschied, ob eine Einheit des Seins oder des Nichts gedacht wird, insofern Einheit gedacht wird, wie MEISTER ECKHART lehrt: »Wenn die Seele in das Eine kommt und darin eintritt in eine lautere Verwerfung ihrer selbst, so findet sie dort Gott als in einem Nichts...Er [Paulus] sah alle Kreaturen als ein Nichts...« (*Deutsche Predigt 71*, ed. Quint S. 546).

Die großen indischen Systeme des Advaita-Vedānta (= »Nichtzweiheit-Weisheitsschluß«) und des Bhakti gründen in monistischen Auffassungen und vollenden sich im Monismus. Hier wird die Differenz zwischen Schöpfer und Geschöpf vollkommen getilgt, die erscheinende Vielheit der Welt zur Illusion (»māya«).

Wenn alle erscheinende oder vorgestellte oder gedachte Vielheit von Gott und Welt und »Ich« in der Einheit der spirituellen mystischen Vollendung untergeht in Einheit, dann ist die sprachliche Bezeichnung »Monismus« ebenfalls untergegangen, zumal sie ohnehin einen unvorstellbaren Inhalt hat – wäre er »vorstellbar«, wäre Differenz zwischen Vorstellendem und Vorgestelltem, mithin zumindest »Dualismus«.

Mystik

Vgl. Gegenwart, Ich, Kontemplation, Meditation, Meister, Religion, Spiritualität, Verstand, Weg, Welt

1. Wort und dessen Bedeutung

Das Wort »Mystik« wird im allgemeinen Sprachgebrauch sehr unterschiedlich benutzt und verstanden und nicht selten auf alles übertragen, was nicht rational oder gar unverständlich erscheint. Die ursprüngliche Wortbedeutung ermöglicht auch hier wieder eine Annäherung an eine genauere Bestimmung des Begriffs.

Das Wort »Mystik«, aus der griechischen Sprache abgeleitet, hat eine ursprüngliche Bedeutung, die mit dem deutschen Wort »blinzeln« wiedergegeben werden kann. Und ursprünglich mag mit diesem »Blinzeln« das Zusammenkneifen der Augen gemeint sein, wenn sie in Dunkelheit einen schwach glänzenden Gegenstand zu erkennen suchen in nächtlichen Einweihungszeremonien, so in Eleusis bei den »Mysterien«. Diese »Mysterien«, vor allem der Göttin des Getreides Demeter gewidmete Zeremonien, bestanden unter anderem in einer rituellen Vergegenwärtigung des in die Erde gesenkten Kornes als einem Tod, aus dem neues Leben erwacht. Daher bedeutet das Wort »μυστήριον« – »Mysterium«, im Sinne eines Sprachbildes verwendet, etwas »Verborgenes«, einen »inneren Sinn«, so als »Theologia mystica« bei der Auslegung der Heiligen Schrift im Christentum, wie ein bedeutendes und die Tradition prägendes Werk des DIONYSIOS AREOPAGITA, einem unter diesem Namen schreibenden Lehrer (um 500 n. Chr.) heißt. Und schließlich wird das Wort »Mystik« bezogen auf jene Wege, die zum dem Verstand verborgenen Gott führen sollen, um eine unmittelbare Anwesenheit bei Gott zu erlangen, eine Anwesenheit jenseits des Verstandeswissens, eine Anwesenheit bei und ununterschiedene Gegenwart in Seiner Einheit und damit auch den Eingang und Untergang des eigenen »Ich« in dieser Einheit, wie dies in einer anonymen, doch hochbedeutenden christlichen mystischen Schrift zu Ende des 14. Jahrhunderts dargetan ist (*»The Cloud of Unknowing«* – *»Wolke des Nichtwissens«*, cap. 43). Diese Wege können in »monistische« und »dualistische« Wege unterschieden werden. »Monistisch« bedeutet hier, dass am Ziel des Weges keinerlei Vielheit mehr ist, weil in Wahrheit niemals eine solche war, mithin auch keine Unterscheidung von Gott und »Ich«, indem beide eins sind; »dualistisch« bezeichnet jene Wege, die den Einzelnen und Gott auch am Ziel des mystischen Weges geschieden sehen.

Die monistische Mystik ist in allen großen Religionen, vielleicht sogar in allen Religionen zu finden. Wenn Religion darin gründen mag, dass dem Menschen zunächst sein eigener Tod, sodann seine lebenszeitliche Vergänglichkeit bewusst wird, die den Tod zum Begleiter des Daseins macht – wie Martin Heidegger in seinem berühmten Werk *»Sein und Zeit«* phänomenologisch zeigt –, wenn dieses Bewusstsein den Mangel an Gegenwart und damit den Mangel an Einheit in der vergänglichen Welt der erscheinenden Vielheit begreift und damit begreift, dass die Spaltung von Subjekt und Objekt als erster Dualismus die Ursache des schmerzlichen Auseinandertretens innerhalb dieser Welt ist, dann wird diesem bewussten Menschen der mystische Weg zu Einheit und Gegenwart als Ausweg aus dem selbstvernichtenden Dilemma erscheinen.

Entscheidend für diesen mystischen Weg ist die Zurücknahme des »Ich«, genauer die Reduktion des das »Ich« konstituierenden Willens. Dadurch wird der Subjektcharakter des »Ich«, der gegen Objekte steht, aufgehoben, ebenso die Vorstellung eines substantiellen, also kontinuierlich beharrenden »Ich«. Was als Gegensatz erschien, wird zum Unterschied, was als Unterschied erschien, wird zur Anwesenheit in Gegenwart und Einheit. Dieser spirituelle Vorgang monistischer Mystik kann mit dem Wort »Liebe« umschrieben werden. Liebe besteht in einem Willensakt, der auf die Anwesenheit beim Geliebten ausgerichtet ist. Liebe besteht also in der Reduktion des eigenen Willens (vgl. »*The Cloud of Unknowing*« – »*Wolke des Nichtwissens*«, cap. 49 und 50). Damit wird der genannte Willensakt zur Zurücknahme des Willens selbst, wie etwa im christlichen Beispiel der »Verkündigung« an Maria (Lukas 1,26ff.). Wie aber kann der Wille als ein Strebevermögen sich selbst zurücknehmen wollen, und wie kann dieses Liebe sein in einer Bestimmung, die die sehnsuchtsvolle mystische Liebe zum tiefsten Seinsgrund wie auch die Liebe zu den Menschen umgreift?

»Fiat mihi secundum verbum tuum« – »Es geschehe mir nach deinem Wort«: so spricht Maria, als die »Zwingmacht Gottes« (= »Gabriel«) an sie herantritt. Dies aber nicht sogleich: Zunächst nimmt sie den erscheinenden Gegensatz – »Wie soll das geschehen, da ich keinen Mann erkenne?« – in den Unterschied zurück, der eine Anwesenheit, ja eine Einwohnung des Höchsten ermöglicht, denn »für Gott ist nichts unmöglich«. Die zweifache Ansprache gibt einer Reflexion Anhalt, der Reflexion des Willens zu seiner eigenen Zurücknahme. Maria wollte nicht ihren, sondern den Willen Gottes: Was als »verbum« – »Wort« imperativisch gesagt wurde, wird in und für Maria zum Willen durch Zurücknahme des eigenen Willens. Diese Selbstzurücknahme des eigenen Willens ist in der Doppelung der Reflexion begründet, die der erscheinenden einheitlichen göttlichen Macht durch eine zweifache Rede begegnet: durch Frage und Zustimmung. Die menschliche Zurücknahme des eigenen Willens lässt gleichsam »leer« werden und dadurch das Neue der Liebe selbst erwachsen: Die Entzweiung aller Endlichkeit wird abgetan, das »Ich« wird abgetan, die Leere gibt den Raum für die Vollendung des Willens des anderen, denn die »Liebe ist eine Kraft, die alles einswerden läßt«.

Die Reduktion des Willens bedeutet nicht nur die Zurücknahme des Willens, sondern auch eigentümliche menschliche Freiheit. Diese wird durch die Einsicht in die Möglichkeit der Zurücknahme des eigenen Willens erreicht, indem sie um die dadurch bedingte Möglichkeit der Anwesenheit bei einem ersten Einheitlichen weiß. Die Zurücknahm des Willens wird begleitet von einer Zurücknahme des Haben-Wollens und des Wissen-Wollens (vgl. MEISTER ECKHART, *Deutsche Predigt 52*, ed. Quint). So ergibt sich für »Mystik« sowohl eine Begriffsbestimmung wie eine Stufenfolge. Die Stufenfolge führt über die konkrete Konzentration auf das Einzelne – im Sinne einer »Meditation« – zum Erkennen des Allgemeinen, sodann zur Aufgabe des diskursiven Denkens des natürlichen Verstandes, schließlich allen Willens, um eine jenseits von Denken und Willen zu erreichende Anwesenheit beim einheitlichen, einzigartigen und ersten Prinzip bereits in dieser Welt zu erreichen (vgl. MEISTER ECKHART, *Deutsche Predigt 43*, ed. Quint; s.u.) und damit gar noch die Kontemplation zu transzendieren.

Die »monotheistischen« Religionen Judentum, Christentum und Islam haben eine jeweils vergleichbare Auffassung von Mystik, soweit sich diese auf die unmittelbare Anwesenheit des Menschen jenseits von menschlichem Denken und Wollen bei Gott bezieht. Um die genaue Bestimmung von »Mystik« zu erklären, muss ein Blick auf die Geistesgeschichte geworfen werden, die Judentum, Christentum und Islam beeinflusst hat: die griechische Philosophie.

Die Vollendung der griechischen Philosophie durch ARISTOTELES (384–382 v. Chr) erbringt ein sicheres, erstliches

Wissen vom höchsten Prinzip des Denkens, das frei und unabhängig, zugleich einsehbar ist. Das Denken geht aller Erkenntnis voraus, und allem Denken, das sich auf Objekte richtet, jenes Denken, das sich selbst zum Gegenstand des Denkens macht. Dieses Denken ist so beschaffen, dass bei ihm Denken und Gedachtes eins werden (*Metaphysik* 1072 b 20 f.), woran der Mensch mit seinem Denken Anteil, Anwesenheit erlangen kann (*Metaphysik* 1072 b 24f.). So erscheint dieses Erste Prinzip zwar geeignet, Anwesenheit zuzulassen, gleichwohl aber ist es nicht absolut einfach, wie PLOTIN (um 205–270 n. Chr.) kritisiert (vgl. bes. *Enneade* III, 8,9,1–25). Da nun Gott in den genannten monotheistischen Religionen als Einer – auch im Christentum! – gedacht wird, erscheint eine Anwesenheit bei einem solchen Einen aus dem »Diesseits« heraus unmöglich. Hier nun wird das Problem für den menschlichen Verstand deutlich, wenn sich der Mensch einer Einheit, der Einheit Gottes, selbst zuwenden wollte: Zwar ist der Gedanke, der Mensch könne anwesend sein bei einem ersten Prinzip von Allem, also Gott, durch die griechische Philosophie gezeigt, sofern dies erste Prinzip nicht als vollkommene Einheit gedacht wird, doch scheint dies nicht mit dem vereinbar, was Judentum, Christentum und Islam als »erstes Prinzip« glauben: die Einheit Gottes. Da Gott aber auch als zeitlos, damit ohne Tod und ohne Vergänglichkeit geglaubt wird, geglaubt wird auch als Spender von Leben und Freude, wird Seine Nähe gesucht, wird versucht, Seine Zuwendung zu erwidern, um als höchste Vollendung von Freude und Freiheit Seine Nähe im Sinne einer Anwesenheit zu erlangen. Genau dies ist der Weg der Mystik in monotheistischen Religionen.

Nun lässt sich aber auch eine genaue Unterschiedlichkeit zwischen Mystik im Judentum, Mystik im Christentum und Mystik im Islam bestimmen. Hierzu ist anzumerken, dass bei dieser Bestimmung eine Verallgemeinerung vorliegt, die nicht wenige Ausnahmen kennt; gleichwohl kann hier unterschieden werden. Mystik kann aber auch in indischer Religiosität und buddhistischen Schulen als besondere Form der Spiritualität entfaltet werden.

2.1. Judentum

Mystik als Weg zur Anwesenheit beim Ersten Prinzip, Gott, kann als Weg gedacht werden, durch aufsteigende Kenntnis von Tora und deren Geheimnissen zur Gegenwart Gottes selbst zu gelangen: »Denn die ganze Tora scheint … etwas wie ein lebendiges Wesen zu sein; der Wortsinn ist dabei der Körper, die Seele aber ist der geheime Sinn, der dem geschriebenen Wort zugrunde liegt«. (PHILO, *De vita contemplativa*, ed. Conybeare, S. 119). Die »Gottebenbildlichkeit« des Menschen (vgl. Gen 1,27) gibt die Möglichkeit, zum Thronwagen Gottes (»*merkava*«) hinaufzusteigen, also in unmittelbare Anwesenheit Gottes, wozu die Kenntnis bestimmter Gebete und Liedtexte erforderlich ist, nicht zuletzt, um in den Chor der Himmlischen im Sinne einer einheitsstiftenden Liturgie einzustimmen. Die Schau des Gottesthrones und schließlich Gottes selbst verwandelt den Menschen und befähigt ihn, zur Erde zurückgekommen, diese Schau zu lehren. Dieser Gedanke wird auch im Chassidismus, der mystischen Frömmigkeitsbewegung im 18. Jahrhundert, neu belebt. Eine endgültige und bleibende Anwesenheit, gar eine vollkommene Vereinigung mit Gott aber ist nicht möglich.

2.2. Christentum

Mystik als Weg zur Anwesenheit beim Ersten Prinzip, Gott, kann als Weg gedacht werden, eine unmittelbare Anwesenheit bei Gott als absoluter Einheit oder eine unmittelbare Anwesenheit bei Christus, etwa durch Kontemplation nach Art der »Geistlichen Übungen« des IGNATIUS VON LOYOLA (1491–1556), zu erlangen. Von großer Bedeutung ist dabei, dass der Mystiker den Weg zu Gott hin geht, um nach dessen Gegenwart wieder zur Welt der Erde zurückzukehren, wie ja auch Christus selbst aus göttlicher Höhe zur Erde herabgestiegen ist (vgl. dazu MEISTER ECKHART, *Deutsche Predigt 86*, ed. Quint). Dies ist eine Eigenart christlicher Mystik: nach der Anwesenheit bei Gott im Sinne der »Imitatio Christi«, der »Nachahmung Christi«, auf Erden zu wirken. Dabei bleibt umstritten, ob diese Anwesenheit im Sinne einer Einung oder vollkommener Nähe zu denken und zu erfahren ist, unumstritten, dass dies »jenseits von Denken und Wollen« (MEISTER ECKHART [um 1260 – April 1328]) geschieht: »Gott bewirkt, daß die Seele [des Menschen] ihm gleiche. Notwendig muß es sein, daß sie erwarte, daß Gott in ihr geboren und daß sie in Gott erhalten werde und daß sie nach der Einung ›mit ihm‹ verlange, auf daß sie in Gott erhalten werde. Göttliches Licht gießt sich in das Licht der Seele, und sie wird darin erhalten. Hiermit zielt Gott darauf, daß er in ihr geboren und ihr vereinigt und in ihr erhalten werde.« (*Deutsche Predigt 44*, 342/701, ed. Quint).

2.3. Islam

Mystik als Weg zur Anwesenheit beim Ersten Prinzip, Gott, kann innerhalb des Islam nur schwerlich im Rahmen der Orthodoxie statthaben: »Sag: ›Er ist Gott, der Eine … Und nicht gleich ist Ihm einer!‹« (Koran 112,1–4). Und doch ist die islamische Mystik der Versuch, jene gewaltige Spanne zwischen Erhabenheit Gottes und dem Wunsch des Menschen, ihm nahe zu sein, zu überwinden. Diese Form der »Gottesliebe« gemäß den Offenbarungsworten »Er liebt sie, und sie lieben ihn« (Koran 5,54) und »Doch die Gläubigen lieben Gott mehr« (Koran 2,165) ist das höchste Ziel eines langen spirituellen Weges, der über »Standplätze« und »Zustände« führt. Dieser Weg, von einem Meister geleitet, führt zum »Entwerden« (»*fanā'*«): »Nun ist aber die ganze Welt Gottes Werk. Wer auf sie schaut, insofern sie Gottes Werk ist, der sieht nur in Gott, erkennt nur durch Gott und liebt nur Gott. Er ist der wahre Monotheist, der nur Gott sieht und selbst sein eigenes

Ich nicht als solches, sondern als Gottes Diener vor Augen hat. Das ist der, von dem man sagt: ›Er ist im Einheitsbekenntnis entworden‹, und auf ihn wird hingewiesen in dem Wort jemandes, der gesagt hat: »Wir waren bei uns, dann sind wir entworden, und so bleiben wir ohne Wir.« (MUḤAMMAD AL-ĠAZZĀLĪ in: *Muḥammad al-Ġazzālīs Lehre von den Stufen zur Gottesliebe* von RICHARD GRAMLICH. *Die Bücher 31–36 seines Hauptwerkes eingeleitet, übersetzt und kommentiert.* Wiesbaden 1984, S. 681). Dieses »Entwerden« gleicht dem Verbrennen des Nachtfalters im Feuer der Kerze, hat mithin zur Folge, dass der Mystiker nicht mehr als er selbst zur Welt zurückkehrt, sondern in dieser Welt entweder als Narr – wie der Mystiker Šiblī (gest. 945) – oder als Hochverräter am Islam betrachtet wird, wenn die Identität mit Gott nicht als Untergehen des eigenen Ich, sondern als Untergang Gottes aufgefasst wird, was in »theopathischen« Aussprüchen zum Ausdruck kommt, wie sie etwa von al-Ḥallāǧ (gest. 922) überliefert sind: »Ich bin die absolute Wahrheit [Gott]«.

2.4. Hinduismus

Mystik als Weg zur Anwesenheit beim Ersten Prinzip entspricht vor allem dem Ziel der Kontemplation (s. dort 2.4.). Zu beachten ist, dass die Vorstellungen von einem »Ersten Prinzip« in den unterschiedlichen indischen Religionen und Schulen keineswegs dieselben sind, aber auch die Vorstellungen dessen, was eigentlich bei einem solchen Ersten Prinzip anwesend oder gar identisch gedacht wird. Damit kommen die vielfältigen Varianten der Anthropologie in den Blick. Weitgehende Übereinstimmung aber herrscht darin, dass der Mensch zunächst seiner Rationalität bewusst werden und diese als Verstand gebrauchen muss, um eben diesen schließlich zu transzendieren. Damit ist der Verstand nicht hinderlich im mystischen Weg, sondern Bestandteil desselben. Europäisch ausgedrückt könnte man sagen, dass die Mystik im Hinduismus, wie die monotheistische Mystik auch, eine eigene »Logik« hat, deren Nachvollzug den Umschlag ins »Existenzielle« bewirkt, indem jede Einsicht das entsprechende Handeln nach sich zieht – scheint das Handeln der Einsicht zu widersprechen, war die Einsicht nicht gegeben. Und einzusehen ist: Die gesamte bewegliche, veränderliche und damit vergängliche Welt (»*samsāra*«) beruht auf dem ewigen Weltgesetz (»*dharma*«) von Tat und Wirkung (»*karma*«). Um also dieser leidvollen Welt steter Wiedereinkleidungen in neue Daseinsformen des Lebendigen zu entgehen, ist entweder Einsicht in die Identität des »Ich« mit dem Höchsten Prinzip (*ātman-brahman*-Lehre) oder die Verschmelzung in liebender Hingabe (»*bhakti*«) beider nötig. Diesem Ziel dienen vorzüglich Meditation und Kontemplation. Diese Art der Mystik kann daher alles Personenhafte, auch göttliche Personen, ins Transpersonale übersteigen, sie kann aber auch zur personalen Vollendung führen. In jedem Fall aber wird das der Welt zugewandte »Ich« überwunden, weil die Differenz zwischen Subjekt und Objekt in eine Einheit hinein aufgehoben wird, was gewünschtes Ende aller leidvollen Vergänglichkeit bedeutet.

2.5. Buddhismus

Mystik als Weg zur Anwesenheit beim Ersten Prinzip ist eine Formulierung, die für buddhistische Schulen missverständlich ist. Schon die Rede vom »Ziel« dieses Weges trifft kaum, weil zumindest für die strengen Schulen des Hīnayāna das »Erlöschen« (»*nirvāṇa*«) eben kein »Ort« ist, also auch kein Ziel sein kann, wie der Buddha selbst sagt: »Es ist der Bereich, wo nicht Erde, Wasser, Feuer, Luft ist, wo nicht der Bereich der Unendlichkeit des Raumes oder des Bewusstseins, nicht der Bereich der Nichtirgendetwasheit noch der Grenze von Unterscheidung und Nichtunterscheidung, nicht diese Welt, nicht jene Welt, nicht Sonne und Mond ist. Das nenne ich nicht Kommen und Gehen, nicht Feststehen, nicht Vergehen und nicht Entstehen. Ohne Grundlage ist es, ohne Fortgang, ohne

Halt ist es. Dies ist das Ende des Leidens.« (Udāna 8, 1). Wenn freilich für Mystik auch der Weg der Ethik (»*sīla*«) die Bedingung der Möglichkeit einer sich selbst aufhebenden Anwesenheit ist, so gleicht der spirituelle Weg bis hin zur buddhistischen Kontemplation insofern anderen mystischen Wegen anderer Religionen, als er in höchstem Maße die Aufgabe des als Illusion erkannten »Ich« fordert, mithin auch aller Denk- und Willensbewegungen, die ein solches »Ich« konstituieren. Insofern könnte von einer sich selbst aufhebenden Anwesenheit bei einem aufgehobenen Ersten Prinzip im Sinne einer sich selbst aufhebenden Einheit gesprochen werden, wie es das meditative »Übungsobjekt des Nichtheitsgebietes« als letzte Vorübung vor dem »Im Weder-Wahrnehmung-Noch-Nichtwahrnehmungsgebiete bestehenden Übungsobjekt« (vgl. Visuddhi-Magga X, 333ff.; NYANATILOKA, *Visuddhi-Magga oder der Weg zur Reinheit.* Konstanz 2. A. 1952, S. 380ff.) nahe legt.

In manchen Schulen des Buddhismus kann aber auch eine monistische Mystik begegnen. Dies vor allem im Mahāyāna-Buddhismus, indem dort eine Anwesenheit bei Bodhisattvas als Ziel eines mystischen Weges angenommen wird, das in Kontemplation (s. dort 2.5.) erreicht werden kann. Hierher gehören auch die Wege des Chan- und des Zen-Buddhismus, die in eine transpersonale Anwesenheit führen.

3. Zusammenfassung

Mystik als Weg zur Anwesenheit beim einheitlichen Ersten Prinzip jenseits aller Formen von Denken und Wollen, die stets eine Trennung von »Ich« als Subjekt und einem Objekt bedeuten, ist ein spiritueller Weg zur Überwindung alles durch diese Trennung herbeigeführten Leides. Dieser Weg weist in den verschiedenen Religionen verschiedene Inhalte, jedoch verwandte Strukturen auf: Abwendung von der Vielheit der erscheinenden Welt, Durchschauen dieser Welt auf ihre geistige Einheit, Übersteigen dieser Welt auf ihr einheitliches Erstes Prinzip hin, Anwesenheit bei oder Verschmelzung oder Identität mit diesem Prinzip als höchste Freiheit und höchstes Glück.

Mythos

Vgl. Kontemplation, Religion, Ritus, Verstand, Wahrheit, Welt

1. Wort und dessen Bedeutung

Das Wort »Mythos« wird im allgemeinen Sprachgebrauch nicht selten für Erzählungen gebraucht, deren Wahrheitsgehalt weder überprüfbar noch wahrscheinlich ist. Genau diese Deutung entspricht nicht dem, was »Mythos« im Bereich von Religion bedeutet, indem der Mythos gerade eine über Raum und Zeit gültige Wahrheit der Vergegenwärtigung im Ritus oder auch in der Kontemplation spirituell zugänglich macht.

Die Etymologie des griechischen Wortes »μῦθος« – »Mythos« ist nicht sicher, doch mag die Wortbedeutung »sich erinnern«, »gedenken« im Wort ursprünglich verwahrt sein. Innerhalb der frühen griechischen Tradition wird aus »Mythos« eine Erzählung, eine erzählte Geschichte, die unabhängig von ihrer historischen Wirklichkeit in einer Form dargebracht wird, die Nachahmung zulässt. So hat Aristoteles (384–322 v.Chr.) das Wort »mythos« gedeutet: als Erzählung einer Handlung, als »Nachahmung einer einzigen und ganzen Handlung« (*Poetik* 1451 a 32). Diese Nachahmung stellt etwas gegenwärtig dar, was durch Raum und Zeit entfernt der unmittelbaren Anschauung entzogen ist, als Erzählung aber gehört werden kann, um es sinnlich wahrnehmbar zu machen und dadurch Anwesenheit beim Nachgeahmten herzustellen.

Damit geht der Mythos weder in seiner sprachlichen Gestalt noch in der ihr verbundenen Bildhaftigkeit, die sich aus der bildlichen Vorstellung des Textes ergibt, notwendig auf ein historisches Ereignis zurück – ohne dass dies ausgeschlossen wäre. Im Unterschied zu einem rein historischen, der »Wirklichkeit« verpflichteten Bericht aber kann der Mythos, so noch immer Aristoteles, auch Werk eines Poeten sein, denn: »Es ist nicht die Aufgabe des Poeten, zu sagen, was geschehen ist, sondern was geschehen könnte und möglich wäre nach dem Vorbild und der Notwendigkeit. Denn der Historiker und der Poet unterscheiden sich nicht dadurch, daß der eine metrisch redet und der andere unmetrisch (denn Herodot in Metren gesetzt wäre nicht weniger Historik, mit Metren oder ohne Metren); sondern dies unterscheidet, daß der eine sagt, was geschehen ist, der andere, was geschehen sein könnte.« (*Poetik* 1451 a 36ff.) Und er fährt fort: »Deshalb ist die Poetik philosophischer als die Historik: denn die Poetik redet mehr vom Allgemeinen, die Historik vom Konkreten. Es ist das Allgemeine, was alles welchen Menschen zukommt zu sagen und zu tun nach Vorbild und Notwendigkeit, was die Poetik benennt, das Konkrete, was etwa Alkibiades tat und erlebte.« (*Poetik* 1451 b 5f.) Und daher auch kann und darf der Poet Mythen schaffen, um eben dies Allgemeine deutlich zu zeigen (vgl. *Poetik* 1453 b 25).

Dies »Allgemeine« kommt der Wahrheit, und zwar einer über Raum und Zeit gültigen Wahrheit nahe. So ist etwa Alkibiades in PLATONS »Symposion« kaum historisch, wohl aber wahrhaft geschildert; so ist auch SOKRATES bei XENOPHON ein anderer als bei PLATON, wieder ein anderer bei ARISTOPHANES, zumal in den »Wolken«. Der »Don Carlos« von SCHILLER hat nur noch wenig mit der historischen Person jenes Infanten zu tun, der »Don Carlo« von VERDI entfernt sich von seinem historischen Vorbild noch weiter. Und doch zeigen SCHILLER und VERDI, wie etwas Zeitloses vergegenwärtigt werden kann: die Einsamkeit des Königs, die Dramatik der Beziehungen des Infanten zu den Damen Elisabeth von Valois und Eboli, die Tragödie der Freundschaft zu Posa, der Freiheitskampf in den Niederlanden – all das lehrt über das konkrete Geschehen hinaus etwas Allgemeines, indem etwas vergegenwärtigt wird, das in dieser Weise niemals historisch stattgefunden hat. Ins Allgemeine gehoben wird aber etwas vom zeitlosen Inhalt des menschlichen Dramas und der menschlichen Tragödie der sinnlichen Wahrnehmung gegenwärtig als über Raum und Zeit hinaus gültige Wahrheit.

Aber ist es nicht der »Logos«, jenes Denken, bei dem Denkmöglichkeit und Denknotwendigkeit zusammenfallen, wie PARMENIDES lehrt, also der »Logos«, der – wieder PARMENIDES – »Wahrheit« verwahrt und vermittelt? Und heißt es nicht, und zwar nicht nur temporal: »Im Anfang war der Logos«? Der berühmte Beginn des Johannes-Evangeliums spricht vom »Logos«, der Anfang gewesen sei. Was aber ist dieser »Logos«? Nicht nur in GOETHES »Faust« sucht der Titelheld nach einer Übersetzung in die deutsche Sprache – und doch ist eine solche Suche nicht vergebens, wenn das aus der Gerichtssprache stammende Wort »λόγον διδόναι« als »Vortrag eines Begründungszusammenhangs« verstanden wird, gleichsam als »Denkmöglichkeit«. Diese Denkmöglichkeit mag bei Gott, wie im Johannes-Evangelium bezeugt, »im Anfang« sein, indem bei ihm Denkmöglichkeit und Denknotwendigkeit ungeschieden sind. Aber beim Menschen? Ist nicht der Mythos zunächst da, der in seiner zeitlosen Vergegenwärtigung Grundlage für jeden Logos bildet? Zeigt sich dies nicht besonders in den sogenannten »Schöpfungsmythen« der großen Religionen? Und ist dies nicht besonders bei solchen Religionen so, in denen ein eigentlich unbegreifliches Handeln eines Gottes vorgestellt wird, wie aus Judentum und Christentum leicht zu ersehen?

Während nun die Poetik in Ablösung vom zwingend Historischen einen Mythos hervorzubringen vermag, dessen Sprache in die jeweilige Zeit hinein gesprochen wird und dessen Umsetzung im Nachspielen eben die jeweilige Zeit berücksichtigen kann, suchen die Religionen auch im Ritus eine absolut zeitlose Wiederholungshandlung zu vollziehen, um den Mythos gegenwärtig zu machen und Grundlage für den Logos zu sein. Der Ritus ist mithin der Vorgang der Vergegenwärtigung eines in die Vorstellung gehobenen erzählten Inhalts von allgemeiner Bedeutung, der durch seine Zeitlosigkeit wahrheitsfähig ist. Und: Die Vergegenwärtigung eines zeitlosen Inhalts kann nur durch die Kunst des Mythos geschehen, da die konkrete wirkliche Handlung ihrer lokal-temporalen Kondition nicht entgehen kann und damit nicht nachvollziehbar wird. In der von der Wirklichkeit dieser Art »abgehobenen« Erzählung aber wird die Zeitlosigkeit ihres Inhalts Gegenwart zu allen Zeiten. Dies ist in Judentum und Christentum zu erkennen, aber auch in anderen Religionen. Und so vergegenwärtigen Judentum und Christentum in Mythen zeitlose Wahrheit: Das Judentum ist die Vergegenwärtigung der Erfahrung der Wirkweisen des Einen Gottes im Gedenken (»Zachor!«), das Christentum die Erfahrung der Selbstvergegenwärtigung des Einen Gottes in Jesus Christus (»Logos sarx egeneto«), woraus sich die Trinität ergibt. Aber wenn dies so ist: Sind die Inhalte der Religionen dann mehr als bloße Poesie, um nicht zu sagen Erfindungen von Wahrheit, um Gedanken zu gelingender Lebensführung und Lebensstrategie zu verkünden, wie die Mythenkritik schon sehr früh einwand? Diese Religionen wollen mehr als dies. Sie wollen in Erzählungen die unmittelbare, vereinzelte, auch historische Erfahrung Einzelner und Vieler mit der Vergegenwärtigung eines absoluten und universalen Geschehens vermitteln, indem sie beide zusammenführend vergegenwärtigen. So wird der Mythos in der Religion zu einer Form der Wahrheitsvermittlung.

2. Mythos in den Religionen

Der Mythos ist in den großen Religionen die Form einer Erzählung, die einen unbekannten oder unvorstellbaren Inhalt durch Sprachbilder darzustellen sucht. Daher beziehen sich die Mythen zunächst auf Kosmogonie, sodann auf jene Kräfte im Kosmos, die gewaltig wirken, wobei die Ursache dieser Wirkung unbekannt ist, also vor allem auf Naturgewalten, die divinisiert werden. Schließlich erzählen Mythen von Unvorstellbarem im Kosmos, also selbstwidersprüchlich Erscheinendem; solche »Wunder« werden in Erzählungen so vorgestellt, dass ihr unvorstellbarer Inhalt zwar als Text gefasst, aber einer visuellen Vorstellung entzogen ist. Beispiele aus dem Judentum: Wenn etwa Mose vor dem brennenden Dornbusch in der Wüste bemerkt, dass dieser brennt, jedoch nicht verbrennt, so kann er auf eine übernatürliche Wirkweise schließen (Exodus 3,2); wenn das Volk durch das Rote Meer trockenen Fußes zieht und die »Wasser waren ihnen eine Mauer zur Rechten wie zur Linken« (Exodus 14,23), so ist dies das Wirken Gottes. Diese erscheinende Selbstwidersprüchlichkeit macht nicht nur die Unbegreiflichkeit Gottes deutlich, der »im tiefen Dunkel wohnt« (vgl. 1 Könige 8,12; Psalm 18,11 u. a.), sondern auch die unbegreifliche Einzigkeit seiner Wirkungen, die unvergleichlich anderem Bewirkten sind: »… und nichts gleich deinen Werken.« (Psalm 86,8). Und diese Selbstwidersprüchlichkeit ist in Demut hinzunehmen, wie das selbstwidersprüchliche Wirken Gottes an Hiob lehrt: Dem Gerechten widerfährt größtes Unrecht, und anstatt dies gerade als Wirken Gottes zu erkennen klagt Hiob gegen Gott, bis seine Demut erwirkt ist.

Verwandte Beispiele lassen sich in allen Religionen finden, zumal in Christentum und Islam, wo Wunder ebenfalls als selbstwidersprüchlich Erscheinendes begriffen und in der Sprache des Mythos erzählt werden, um vergegenwärtigt werden zu können. Vergegenwärtigen heißt hier etwas so ins Bewusstsein nehmen, dass es von der sogenannten »Realität« nicht zu unterscheiden ist, ja, dass es die Wahrheit zeigt, nicht die Wirklichkeit. Dieser Akt geschieht im Menschen als Bewusstseinsakt und für Judentum und Christentum als Auftrag. Er ist nicht nur die Vergegenwärtigung der Geschichte der Wirkweisen Gottes, die durch diese Vergegenwärtigung Gegenwart ist, sondern auch der Gegenwart und der Zukunft, die damit Gegenwart wird. Es ist ein verpflichtender Akt: »Zachor!« Und diese Vergegenwärtigung entspricht als Verdienst dem »Verdienst der Väter«, deren Verdienste Gott niemals vergessen wird, indem Er sie vergegenwärtigt (vgl. Dtn 4,31). Judentum und Christentum, aber auch Islam schenken so die Möglichkeit zu denken, dass das Undenkbare und doch Begegnende eine undenkbare Ursache habe, von der der Mensch nicht wissen könnte, wäre sie nicht hervorgetreten in einer Weisung, die eben diesen Vorgang selbst lehrt und damit die gesamte Schöpfung erklärt. Und lehrt, dass die Einsicht in diesen Vorgang nur durch Vergegenwärtigung möglich ist, und erklärt, wer der Mensch ist und sein soll: ein Vergegenwärtigender des Mythos, sei es im Ritus, sei es in der Kontemplation.

Eine Entsprechung des Begriffs von »Mythos« bieten Hinduismus und Buddhismus. Während auch im Hinduismus – wie in der abendländischen Tradition und im Islam – zu den großen kosmogonischen Mythen besonders Mythen aus der Welt der Götter, oftmals in weit ausholender Literatur bewahrt und Mythen aus der Vorzeit, zumal in großen Epen (z.B. *Mahābhārata, Rāmāyana*), erzählt werden, treten nun ähnlich Heiligenlegenden oder mythischen Erzählungen von Großen aus Judentum, Christentum und Islam jene Mythen hinzu, welche Taten und Geschehnisse um bedeutende Persönlichkeiten schildern. So umgeben die Person des Buddha zahlreiche Mythen, die am Konkreten eine allgemeine Wahrheit künden sollen. Damit wird die Funktion des Mythos abermals deutlich.

3. Zusammenfassung

Der Mythos ist innerhalb von Religionen diejenige sprachliche Form einer Erzählung, die deren Inhalt über Raum und Zeit hinweg vergegenwärtigen läßt. Dabei wird im konkreten Sprachbild eine allgemeine Wahrheit vermittelt, die dem natürlichen Verstand unbekannt oder unvorstellbar ist und daher zum Ritus oder der Kontemplation anhält.

Religion

Vgl. Gebet, Gegenwart, Monismus, Mystik, Mythos, Ritus, Spiritualität, Verstand, Weg

1. Wort und dessen Bedeutung

Das Wort »Religion« ist aus der lateinischen Sprache übernommen. Hatte CICERO (106–43 v.Chr.) die Wortbedeutung von »relĕgere« – »wiederholt handeln« abgeleitet (*De natura deorum* II,28), so findet sich bei dem Kirchenvater LAKTANZ (um 250 – um 320 n.Chr.) eine Ableitung aus »religare« – »zurückbinden« (*Divinae institutiones* IV,28). Für die christliche Theologie war »religio«, meist in der Einzahl gebraucht, die Bezeichnung für das Christentum als »vera religio« – »wahre Religion«. Unüberschaubar sind die Definitionsversuche des Begriffs bereits in der mittelalterlichen Tradition, vermehrt durch Überlegungen aus der Neuzeit und schließlich aus der Religionswissenschaft. Von Wirkung war die Formulierung von FRIEDRICH SCHLEIERMACHER (1768–1834), der als Grund für Religion »das Gefühl der schlechthinnigen Abhängigkeit« genannt hat (*Der christliche Glaube...* 2 Bde. Berlin 2 .A. 1831–32, § 4). Zu beachten ist aber auch, dass die meisten Sprachen kein »Religion« entsprechendes Wort haben (vgl. PETER ANTES, »Religion einmal anders«, in: Temenos 14, 184 ff.). Daher ist eine allgemeine Entsprechung des Wortinhalts in allen »Religionen« sehr schwer zu erheben: »Keine Religion, deren geschichtliches Werden einmal in den Blick gekommen ist, lässt sich ohne Gewaltsamkeit auf einen einzigen ›Typus‹ reduzieren, um diesen dann in eine nach irgendwelchen Gesichtspunkten angeordnete Typenreihe einzufügen, die als das tragende Gerüst der religiösen Entwicklung der Menschheit auszugeben wäre.« (WOLFHART PANNENBERG, *Erwägungen zu einer Theologie der Religionsgeschichte, in: Grundfragen systematischer Theologie. Gesammelte Aufsätze.* Göttingen 1967, S. 265).

Auch Versuche der Religionswissenschaft, phänomenologisch, soziologisch oder psychologisch den Wortinhalt zu bestimmen, haben keine allgemeine Zustimmung gefunden. Schon die Differenz zwischen Versuchen, eine empirische Festlegung zu unternehmen, und den Versuchen, eine theoretische, meist der Theologie oder Philosophie verpflichtete Bestimmung zu gewinnen, kann kaum überbrückt werden. Insofern ist hier »Religion« nur als Vorschlag, als Versuch zu bestimmen, doch so, dass eine mögliche Bestimmung für alle Religionen gewonnen werden kann.

2. Versuch einer Bestimmung

Der folgende Versuch einer Begriffsbestimmung von »Religion« nimmt den Begriff in drei Teilen auf: Grund von Religion, Inhalt von Religion, Praxis von Religion.

2.1. Grund von Religion

Die Religionskritik des 19. Jahrhunderts hat, im Anhalt an frühere Überlegungen, eine Begründung für »Religion« angegeben: »Das für den Menschen empfindlichste, schmerzlichste Endlichkeitsgefühl ist aber das Gefühl oder das Bewusstsein, dass er einst wirklich endet, dass er stirbt. Wenn der Mensch nicht stürbe, wenn er ewig lebte, wenn also kein Tod wäre, so wäre auch keine Religion ... Nur das Grab des Menschen, sage ich daher in meinen Erläuterungen zum Wesen der Religion, ist die Geburtsstätte der Götter.« (LUDWIG FEUERBACH, *Vorlesungen über das Wesen der Religion.* Nachdruck Stuttgart 1960, S. 41). Die Einsicht, dass dem Menschen kein Ausweg aus seiner Vergänglichkeit gegeben ist, ist in allen Kulturen eingesehen, so z.B. im altgriechischen Bereich: die Menschen sind Elende, »die den Blättern gleichend bald aufleuchtend erstehen, der Erde Frucht genießend, bald aber hinschwinden ohne Leben« (HOMER, Ilias XXI, 464f.); so z.B. im jüdischen Bereich: »Des Menschen Tage gleichen dem Gras, er blüht wie die Blume des Feldes. Ein Hauch des Windes, schon ist sie dahin; und der Ort, wo sie stand, er hat sie vergessen.« (Psalm 103, 15f.). Was auch immer der Mensch im Leben handeln und ersinnen mag, hier wird seine Ohnmacht offenbar, er mag im Leben alles erlangen, vor dem Tod ist er hilflos: »Allbewandert, unbewandert in nichts er schreitet ins Künftige: vorm Hades allein Flucht er nicht findet.« (SOPHOKLES, Antigone 360f.). Der Tod ist schärfster Ausdruck von Vergänglichkeit, Vergänglichkeit aber Mangel an Gegenwart. Die Bestimmung des Daseins zum Tode ist als Einsicht in den Mangel an Gegenwart zu vollziehen, welcher leidvoll erscheint, wie auch der BUDDHA im Anhalt an die erste der »Vier edlen Wahrheiten« lehrt: »Wenn ich sagte: was auch immer empfunden wird, das gehört zum Leiden, so habe ich das gesagt, weil alle bedingten Daseinsfaktoren dem Dahinschwinden, dem Vergehen unterliegen.« (Samyutta-Nikāya 36,11,3f.). Aus diesem Mangel an Gegenwart begründet sich der Wunsch, diesen Mangel zu beheben oder wenigstens zu bekämpfen. Dies ist der allgemeine Grund von Religion.

2.2. Inhalt von Religion

Der Inhalt von Religion lässt sich aus dem Zentrum von Religion bestimmen, jenem Grundgedanken, der zur Überwindung des Mangels an Gegenwart dienen soll. Die Suche nach Gegenwart, das Streben nach Gegenwart wird in den monotheistischen Religionen vollzogen als Suche und Streben nach demjenigen, der absolut und allein Gegenwart ist: »Alles ist untergehend: nicht Sein Antlitz« (Koran 28,88), in anderen Religionen, der indischen Geisteswelt, dem Buddhismus, nach demjenigen, das keinerlei Vielheit und damit keinen Übergang kennt. Gemeinsam ist diesen Zielen die Form des Inhalts: vollkommene Einheit. Die Voraussetzung einer solchen Einheit ist mithin Inhalt von Religion. Der Gedanke einer solchen »Einheit« begegnet in der zum Monismus zählenden Advaita-Philosophie, in Judentum, Christentum und Islam, zumal in der Mystik. Für diese Religionen sind die Überlegungen des Neuplatonikers PLOTIN (ca. 205–270 n. Chr.) von größter Bedeutung. PLOTIN zeigt, dass »Einheit« in der Welt des stets Übergangs notwendig vorausgesetzt werden muß, aber notwendig verborgen bleibt (vgl. *Enneade* VI,9,4). Genau dies entspricht der Struktur des Inhalts von Religion.

Im Judentum ist Gott jene körperlose, unbegreifliche und allem vorauszusetzende Einheit: »Höre Jißrael: ER unser Gott, ER Einer!« (Dtn 6,4; Übersetzung MARTIN BUBER). Diese Einheit kann man nicht erkennen (vgl. Ex 33,20 u. a.), Gott bleibt verborgen, er »wohnt im tiefen Dunkel« (vgl. 1 Könige 8,12). Als Voraussetzung von unbegreiflichen Wirkungen aber muss diese Einheit angenommen werden, denn gerade die Unbegreiflichkeit der Wirkungen zeigt die Unbegreiflichkeit der Ursache, welche als Einheit menschlichem Verstand entzogen ist. So gilt als erste dieser unbegreiflichen Wirkungen die Heilige Schrift, die Tora, die in ihrer Einheitlichkeit die Einheit ihres Urhebers gleichsam spiegelt. Einheitlich sind alle Wirkungen der Wirkkraft des Einen, da sie sein Wirken als ungeschiedenes Einheitliches im einheitlichen Zusammenwirken von Wille, Macht und Wissen zeigen (vgl. MAIMONIDES, *Führer der Unschlüssigen* I,53). In gleicher Weise kann auch im Christentum und im Islam vom Wirken des Einen Gottes gesprochen werden. Im Christentum ist Gott selbst dem Begreifen des Verstandes unzugänglich: »Si enim comprehendis, non est Deus« – »Wenn du nämlich begreifst, ist es nicht Gott« (AUGUSTINUS, *Sermo* CXVII,3,5). Gott ist über alle Vielheit erhaben (vgl. AUGUSTINUS, *De ordine* II,47), er ist »summe perfecteque simplex« – »in höchster und vollkommener Weise einfach« (AUGUSTINUS, *De trinitate* VII,2,1). Und auch Christus ist daher vollkommene Einheit, und so ist Christentum die Religion, die an den einen Gott bindet, weshalb das Wort »Religion« gebraucht werde: »… ad unum deum tendentes et ei uni religantes animas nostras – unde religio dicta creditur …« – »zu dem einen Gott streben wir und binden an ihn zurück unsere Seelen – woher Besagtes als Religion geglaubt wird …« (AUGUSTINUS, *De vera religione* LV,111). Der Islam kennt in der arabischen Sprache das Wort »*dīn*« (ursprünglich »Gericht«) für »Religion«, wobei damit »Islam« gemeint ist: »Die Religion bei Gott ist die Ergebung [= Islam]« (Koran 3,19), so dass, ähnlich der älteren Verwendung des Wortes »religio« im Christentum, Religion im Singular und synonym mit »wahrer Religion« gebraucht wird. Diese »wahre Religion« ist auf »Ergebung« (= Islam) ausgerichtet gegenüber dem Einen Gott, der als Einziger und Einer nichts neben sich hat. Auch im Islam ist der prinzipielle Inhalt von Religion jene Einheit Gottes, die allem vorausgesetzt und über alles erhaben ist. In der indischen Geisteswelt wird diese Einheit, wie in der monistischen Mystik deutlich wird, bei vielen Wegen vorausgesetzt und als Ziel angestrebt, um aus der Welt der erscheinenden Vielheit und Bewegung zur ruhigen Einheit zu gelangen. Für die buddhistischen Schulen ist dieser Begriff von Einheit als Inhalt der Religion formal – nicht inhaltlich! – im Begriff des

»Nirvana« – »Verwehen«, »Verlöschen« verwahrt, das Ende aller Vielheit und aller damit verbundenen Vergänglichkeit bedeutet.

3. Praxis von Religion

Die Praxis von Religion kann als ein »Beachten« der Herrschaft des Inhalts von Religion bestimmt werden. In dieser Beachtung vollzieht sich die Relation des religiösen Menschen zur Religion. Dazu dienen Mythos, Ritus, Gebet, Meditation, Kontemplation, aber auch eine Spiritualität, die tätige Zuwendung zu den Menschen keineswegs ausschließt. Insgesamt kann diese Praxis als ein Weg, eine Geisteshaltung beschrieben werden, also als eine wiederholte Tätigkeit, was den Wortsinn von »Religion«, sofern von »relĕgere« – »wiederholt handeln« trifft. Insofern sind beide Ableitungen des Wortes »Religion« (s.o.) in Übereinstimmung zu bringen: Das wiederholte Beachten der »Zurückbindung« ist die Praxis von Religion.

4. Zusammenfassung

Der Begriff »Religion« hat keine einheitliche und allgemein anerkannte Bestimmung gefunden. Der hier vorgelegte Bestimmungsversuch ergibt *eine Möglichkeit* der Bestimmung: Religion gründet in der Einsicht in den umfassenden Mangel an Gegenwart, hat das Wissen um die notwendige Voraussetzung der verborgenen Einheit zum Inhalt und findet ihre Praxis im Beachten der Herrschaft dieses Prinzips von Allem.

Ritus

Vgl. Achtsamkeit, Erfahrung, Gebet, Gegenwart, Ich, Meditation, Mythos, Religion, Sprache, Übung, Weg

1. Wort und dessen Bedeutung

Das lateinische Wort »*ritus*« ist etymologisch nicht sicher abzuleiten; es mag von der Wortwurzel her (vgl. im Sanskrit »*rita*«) »Gesetzmäßigkeit«, »Regelmäßigkeit«, »regelmäßige Struktur« besagen, aber auch einen »fließenden Handlungsablauf«. Beide Grundbedeutungen sind im Ritus der Religionen erhalten, auch die Bedeutung »feierliche Form«, wie sie im römischen Recht Verwendung fand (vgl. *Digesten* XXIII,2 – »Hochzeitsriten«). Der Ritus ist jedoch zunächst ein urmenschliches Verhaltensschema, das seinen ursprünglichen Ausdruck wohl in Riten fand, welche den lebenserhaltenden Tätigkeiten von Essen und Trinken zuzuordnen sind. Indem der Mensch ein Bewusstsein dessen entwickelt, was er wiederholt und wiederholend vollzieht, begreift er dies als eine festgelegte Form und im gemeinsamen Handeln als Ausdruck seiner Sozialisation (vgl. ÉMILE DURKHEIM, *Les formes élémentaires de la vie religieuse.* Paris 4. A. 1960, S. 598). So wird der »Ritus« zu einer Wiederholungshandlung, die nach festgesetzter Form einen Inhalt vollzieht, der über Raum und Zeit hinweg gleichartige Situationen und Handlungen durch Vergegenwärtigung in die Gegenwart bringt. Das Bewusstsein dieser nachahmenden Handlung als bewusst herbeigeführte Handlungen lässt sich vom menschlichen Bewusstsein nicht trennen. So konstituiert dies Bewusstsein den Einzelnen und damit auch die menschliche Gemeinschaft.

In allen Religionen wird dieser den Einzelnen und die Gemeinschaft prägende Ritus von einem Inhalt bestimmt, der als Mythos nicht allein einen gesprochenen Teil des Ritus umfassen muss, sondern verschiedene festgelegte Formen auch nonverbaler Kommunikation. Die Sprache, als eine menschliche Möglichkeit gedeutet, ist Grundlage der »Erzählung« des Mythos, die im Ritus wiederholt und als gemeinschaftsstiftende Erfahrung im gemeinsamen Wort, gemeinsamen Gesang vergegenwärtigt wird. Dabei bleibt der Ritus aber immer auch die vereinzelte, der mitteilenden Sprache entzogene Erfahrung. So sind im Ritus Einzelner und Gemeinschaft verbunden. Diese Einheit stiftet Identität, ausgedrückt in gleichartigem Verhalten und damit unterschieden von anderen Verhaltensformen sich anders Verhaltender. Die Kenntnis des Ritus und seines mythischen Inhalts verbürgt Zugehörigkeit, in die meist durch Initiation in die Gemeinschaft im Nachweis eben dieser Kenntnis eingetreten wird, und der in die Gemeinschaft durch einen Ritus Eintretende wird auch unter deren Schutz gestellt. Diese in der Gemeinschaft gefundene Identität soll bewahrt und zeitlos erhalten werden: So wird die aktive Vergegenwärtigung im Ritus als Sieg über die Vergänglichkeit, mithin als Gegenwart erfahren und begriffen. Der Gedanke, Vergänglichkeit und Tod durch den Ritus zu besiegen und dadurch Vergangenheit in Gegenwart zu wenden, ist Zentrum des Ritus. Dies ist daher auch der Sinn vieler Feste vieler Religionen, die daher nicht selten mit einem konkreten, vergegenwärtigenden »Spiel«, das die Teilnehmer in Anwesenheit beim Geschehen setzen soll, verbunden sind, wie etwa beim jüdischen Pessach-Fest, in der christlichen Liturgie oder im schiitischen Islam bei den Gedenkfeiern im Gedenken des Todes des Imam Al-Ḥusayn b. ʿAlī in der Schlacht von Kerbala (10. Oktober 680). Hinzu treten die »Übergangsriten« (»*rites des passages*«), die entscheidende Stationen des menschlichen Lebens (Geburt, Religionsmündigkeit, Heirat, Tod) begleiten, Liturgien, Wallfahrtsriten.

2. Ritus in Religionen (Beispiele)

Der Ritus in Religionen vergegenwärtigt einen Mythos, dessen Inhalt über Raum und Zeit hinweg die ursprüngliche Wirkung entfalten soll. Daher ist auch der Ritus möglichst zeitlos zu halten, die Erzählung des Mythos in möglichst genauer Form beizubehalten, um gleichsam den »Ewigkeitscharakter« des Erzählten vor Ohren und damit vor das Vorstellungsvermögen zu führen. Daher werden die »Heiligen Texte« in »Heiliger Sprache« möglichst unverändert tradiert (Tora, Evangelien, Koran, Veden, Pali-Kanon), um ihre zeitlose Wirkkraft nicht zu schwächen. Und so wirken sie im Ritus durch das Wort, wie eine Geschichte aus dem chassidischen Judentum vorstellt: »Wenn der Baal-schem (Israel Baal Schemtow, der »Stifter des Chassidismus«, 1700–1760) etwas Schwieriges zu erledigen hatte, irgendein geheimes Werk zum Nutzen der Geschöpfe, so ging er an eine bestimmte Stelle im Walde, zündete ein Feuer an und sprach, in mystische Meditationen versunken, Gebete – und alles geschah, wie er es sich vorgenommen hatte. Wenn eine Generation später der Maggid von Meseritz dasselbe zu tun hatte, ging er an jene Stelle im Walde und sagte: ›Das Feuer können wir nicht mehr machen, aber die Gebete können wir sprechen‹ – und alles ging nach seinem Willen. Wieder eine Generation später sollte Rabbi Mosche Leib aus Sassow jene Tat vollbringen. Auch er ging in den Wald und sagte: ›Wir können kein Feuer mehr anzünden, und wir kennen auch die geheimen Meditationen nicht mehr, die das Gebet beleben; aber wir kennen den Ort im Walde, wo all das hingehört, und es muß genügen.‹ – Und es genügte. Als aber wieder eine Generation später Rabbi Israel von Rischin jene Tat zu vollbringen hatte, da setzte er sich in seinem Schloß auf seinen goldenen Stuhl und sagte: ›Wir können kein Feuer machen, wir können keine Gebete sprechen, wir kennen auch den Ort nicht mehr, aber wir können die Geschichte davon erzählen.‹ Und seine

Erzählung allein hatte dieselbe Wirkung wie die Taten der drei anderen.« (GERSCHOM SCHOLEM, *Die jüdische Mystik in ihren Hauptströmungen*. Frankfurt 1957, S. 384). Der Ritus wird durch das Wort und die Vorstellung wirksam vollzogen, und die Vergegenwärtigung hebt die Zeit auf: Dem natürlichen Verstand Vergangenes wird realpräsentische Gegenwart. Dies setzt voraus, dass der Ritus bewusst und mit Achtsamkeit vollzogen wird.

Im Judentum ist aber deutlichstes Beispiel wohl für diese realpräsentische Vergegenwärtigung der Ritus des Pessach-Festes. Das Fest gedenkt des Auszugs aus Ägypten, doch so, dass dieser Vorgang nicht in die Vergangenheit gelegt und an ihn gedacht wird, sondern dass er durch Nachspiel lebendige Gegenwart ist. Sodann aber ist auch der Inhalt des zu Gedenkenden zeitlos, weil er im Wiederholungsspiel vergegenwärtigt wird. Man sitzt zu Tische und speist und trinkt, wie die Väter und Mütter es seinerzeit taten, und in dieser Wiederholungshandlung wird die zeitlose Handlungsweise Gottes selbst Gegenwart: »In jedem Geschlechte und Zeitalter ist jeder verpflichtet, sich vorzustellen, als ob er gleichsam selbst aus Ägypten gegangen wäre, denn so sagt die Schrift: ›Du sollst deinem Sohne an jenem Tage erzählen und sagen: Um dessentwillen, was der Ewige m i r getan, als ich aus Ägypten ging.‹ Nicht unsere Väter nur hat der Heilige – gelobt sei er – erlöst, sondern auch uns mit ihnen; denn so sagt die Schrift: ›Und u n s hat er von da weggeführt, um uns hierher zu bringen und uns das Land zu geben, das er unseren Eltern zugeschworen hat.‹« (Dr. M. LEHMANN, *Hagadah schel Peßach*. Basel 1962, S. 124f.).

Im Christentum ist der wichtigste Ritus die Wiederholung des »Abendmahles« Jesu Christi. Dieser Ritus vergegenwärtigt jenes Mahl, wobei die Art der Vegegenwärtigung konfessionell unterschiedlich gedeutet wird. Paulus, dem sich Christus ja auch mit Macht selbstvergegenwärtigt hatte (vgl. Apg 9f.), hatte begriffen, dass diese Selbstvergegenwärtigung Gottes in Christus als vergegenwärtigende Gedächtnishandlung – durchaus jüdischem Gedanken entsprechend – in Handlung und Wort bewahrt werden muss: »Sooft ihr dieses Brot esst und den Becher trinkt, verkündet ihr den Tod des Herrn, bis er kommt« (1 Kor 11,26). Und so ist jene Art der Vergegenwärtigung der Selbstvergegenwärtigung Christi nicht nur Erinnerung an Vergangenes, sondern lebendige Gegenwart. Dieses »Gedenken«, dem jüdischen Gedanken verwandt – Pessach zu feiern ist Tätigkeit –, ist ein »Tun«, ein Ritus: »Der ganze Jesus soll gegenwärtig sein, nicht nur ein bestimmter, noch so herausragender Moment seines Lebens, sondern er selbst will vergegenwärtigt werden: so, wie er sich in den Gaben und Worten geoffenbart hat – als derjenige, der ›für die Vielen‹ und ›für euch‹ sein Leben hingibt. Der, zu dessen Gedächtnis das Herrenmahl gefeiert wird, ist Jesus als der Irdische, Gekreuzigte, Auferweckte und Erhöhte in Identität, als der Gekommene, Gegenwärtige und Kommende. Weil das eucharistische Gedächtnis das Gedächtnis *Jesu* ist, geht es nicht um die Verlebendigung einer fernen Vergangenheit, sondern um die Wahrnehmung der eschatologischen Heilsgegenwart jenes geschichtlichen Heilsereignisses als Grund aller Hoffnung. Deshalb ist das Gedächtnis, wie Paulus klarstellt, immer zugleich Verkündigung – und zwar in Wort und Tat, nämlich des Evangeliums, dessen Summe gerade das Mahl Jesu Christi ist.« (THOMAS SÖDING, *»Tut dies zu meinem Gedächtnis …!« Das Abendmahl Jesu und die Eucharistie der Kirche nach dem Neuen Testament*, in: STEPHAN LOOS / HOLGER ZABOROWSKI (Hrsg:), *»Essen und Trinken ist des Menschen Leben«. Zugänge zu einem Grundphänomen*. Freiburg 2007, S. 79).

Riten finden sich in großer Anzahl auch im Islam, nicht zuletzt beim Gebet, in dessen Ritus die Koranrezitation wichtigste Handlung ist, mithin die Vergegenwärtigung des Wortes Gottes, wobei dieser Ritus auf das Beispiel des Propheten Muhammad zurückgeführt wird, ebenso wie viele andere religionsdienstliche Handlungen, insbesondere die Wallfahrt nach Mekka (»*ḥağğ*«). Die im Koran angeordnete Wallfahrt (Koran 3,97) unterliegt einer genauen Folge ritueller Handlungen (vgl. Koran 2,196ff.), die Vorbereitungsriten bereits vor der eigentlichen Wallfahrt, dieselbe und Rituale danach betreffend. Vorbild für dies ist wie beim Gebet die überlieferte Praxis des Propheten (»*sunna*«), die nachgeahmt und vergegenwärtigt wird. Um den Übergang in den rituellen »Weihezustand« nach ritueller Waschung und dem Wort »Hier bin ich!« (»*labbayka*«) zu vollziehen, wird eine bestimmte Kleidung angelegt, für Männer ein weißes Gewand aus zwei Stoffbahnen und Sandalen. In Mekka wird die Ka'ba siebenmal umwandert, sodann schließt sich eine Anzahl von Riten an: Siebenmal soll der Pilger zwischen den Hügeln Ṣafā und Marwa hin- und herlaufen, um sich rituell die Suche der Hagar nach Wasser für ihren Sohn Ismael zu vergegenwärtigen, nach weiteren Riten werden im Gedenken an das Opfer Abrahams Schafe (oder Ziegen) geschlachtet, schließlich kehrt man nochmals zur Ka'ba nach Mekka zurück. Diese Riten vergegenwärtigen jene gottesdienstlichen Handlungen, die Muslime der Zeit vor dem Propheten und die der Prophet Muhammad selbst ausgeübt hat. Sie stiften Gemeinschaft durch Gleichförmigkeit der Teilnehmenden wie durch die über die Zeit hinweg gleiche Form des Ritus.

Beispiele solcher Riten lassen sich im Hinduismus zahlreich finden. Hier sei insbesondere an die rituelle Gottesverehrung (»*pūjā*«) erinnert, aber auch an das im Ritus der sprachlichen Wiederholungshandlung gebrauchte »Mantra«, eine Art Formel für die Meditation, deren Wirkkraft durch die genaue Rezitation eintritt. Auch genau einzuhaltende zeremonielle Riten bestimmen eine Vielzahl von Handlungen, die die Lebensabschnitte begleiten. Im Buddhismus, zumal im Zen-Buddhismus, sind zusätzlich eine Reihe von Zeremonien von Bedeutung, die als »Weg« verstandene Riten sind. Sie dienen, verwandt der hinduistischen Praxis, auch dazu, das eigene Denken und Wollen als Tätigkeit des »Ich« gegenüber der Übung, die durch die Wiederholungshandlung eintritt, zurückzunehmen.

3. Zusammenfassung

Ritus als spirituelle Praxis von Religion vergegenwärtigt eine Ursprungshandlung, einen Mythos, über die Zeit und den Raum hinweg. Ritus schafft Identität und damit Abgrenzung der Gemeinschaft, zugleich Gruppenzugehörigkeit für den Einzelnen. Der Ablauf des Ritus in festgelegter Form wird überliefert, um seine Wirkkraft zu erhalten. Die festgelegte Form dient auch dazu, das eigene »Ich« in seiner Denk- und Willensentfaltung zurückzunehmen, zugleich aber in der Beachtung dieser Form Achtsamkeit zu wahren.

Seele

vgl. Ich, Kontemplation, Mystik, Verstand, Weg

1. Wort und dessen Bedeutung

Das deutsche Wort »Seele« ist sprachlich ungeklärter Herkunft (vgl. Jacob und Wilhelm GRIMM: *Deutsches Wörterbuch*. 9. Band, Spalte 2851). Das Wort bezeichnet den geistigen Teil des Menschen im Unterschied zum Körperlichen, näherhin auch einen vom Körper lösbaren, eigenständigen Teil. In dieser Deutung entspricht es dem lateinischen »*anima*«, das den griechischen Begriff »ψυχή« – »Psyche«, »Seele« übersetzt. Schon hier ist zu sehen, dass das Wort »Seele« eine der griechischen, weiterhin aber auch der jüdischen Tradition entsprungene Bedeutung hat, weshalb es sehr schwer in andere Kulturkreise oder Religionen außerhalb dieser Traditionen übertragen werden kann. Die in der abendländischen Geistesgeschichte aus den genannten Traditionen gewonnene Zweiteilung des Menschen in »Körper und Seele (Geist)« ist keineswegs eine anthropologische Grundkonstante, die allgemein angenommen wird, wenn etwa – mancher indischen Tradition entsprechend – Lebewesen als Komposition von grobstofflichem und feinstofflichem Leib sowie dem »Lebenskern« – »atman« angesehen werden oder – buddhistischer Lehre entsprechend – ein Mensch eine Zusammenfügung von sich wechselseitig bedingenden fünf »skandhas« – »Daseinfaktoren« (Körper, Gefühl, Wahrnehmung, Willen, Bewusstsein) ohne ein »Selbst« oder »Ich« ist. Für die Religionen Judentum, Christentum und Islam aber ist die »Seele« eben jener erste von zwei Teilen des Menschen, dessen Bestimmung aus der jüdisch-griechischen Tradition möglich ist.

Die frühe jüdische Tradition kennt kein Wort für eine selbstständige, vom Körper lösbare »Seele«. In der Tora (Gen 2,7) ist »נֶפֶשׁ« – »Näfäsch« der Hauch, den Gott dem Adam als Leben in die Nase bläst, also das »Lebensprinzip« des sich selbst bewegenden Körpers, das mit ihm verbunden ist. Wenn aber beim Tod des selbstbewegten Körpers jenes Prinzip des Lebens, also der Selbstbewegung, den Körper zu verlassen scheint, so liegen später die Gedanken der Trennung von »Lebenshauch« und Körper sowie die Frage nach dem Verbleib dieses »Lebenshauches« nahe, der, selbst unsichtbar, Bewegung bewirkt.

Diese jüdische Auffassung gleicht nicht der ursprünglichen Auffassung der frühgriechischen Tradition, die allerdings »ψυχή« – (»psyche«) oftmals mit »θυμός« (»thymos«) – »Lebenskraft« in Verbindung bringt (vgl. HOMER, *Odyssee* XXI, 153; *Ilias* XI,334 u. a.). In der Ohnmacht etwa verlässt die »Psyche«, nicht aber der »Thymos« den Körper (vgl. HOMER,

Ilias V, 696f. u. a.), beim Tod des Menschen entweicht vor der Psyche der Thymos, der sich verflüchtigt. Die Psyche aber löst sich nicht auf, sondern entfliegt, einem Traumbild gleich, flatternd (vgl. HOMER, *Odyssee* XI,222), schwirrend (vgl. HOMER, *Odyssee* XXIV,5), unstet (vgl. HOMER, *Ilias* XXIII,74), bis sie im Hades anlangt. Dort führt sie ein Schattendasein, einem »Hauch« gleich. Dies aber begründet die Vorstellung eines Prinzips von Selbstbewegung, das vom Körper getrennt ein wenn auch tristes Dasein (vgl. HOMER, *Odyssee* XI,489f.) führt.

Aus der Zusammenfügung der jüdischen und der griechischen Tradition ergibt sich nun zunächst die Vorstellung, das Prinzip der Selbstbewegung des Körpers, dem Atemhauch gleich unsichtbar, könne den Körper verlassen, könne eigenständig sein. Zunächst aber wird die Bewegungslosigkeit des Körpers mit dessen Tod gleichgesetzt, auch wenn die Psyche noch in ihm weilen sollte (vgl. Apg 20,9f.), was freilich Möglichkeit zur Wiederbelebung gibt. Deren endgültiges Verlassen des Körpers bedeutet jedoch dessen irreversiblen irdischen Tod. Der Verbleib dieser »Atemhauchseele« wird nunmehr bedacht: Wie Gott selbst unsichtbar, doch an seinen Wirkungen erkennbar ist, so ist der von Gott selbst eingehauchte »Odem« unsichtbar, doch an seiner Wirkung, der Bewegung des von ihm belebten Körpers, erkennbar. Hier wird deutlich: Gott »bläst« den Atem in die Nase Adams, mithin seinen eigenen, Gottes Atem, und so wird die Sehnsucht nach Rückkehr zum Ursprung mit der Belebung bereits angelegt. Daher ist »Seele« das Organ, das zur Gottesliebe dem Menschen gegeben ist (vgl. Dt 6,5; Lukas 10,27), einer Gottesliebe, die ihre Erfüllung im Tode des Menschen findet, wie es vom Martyrium des Rabbi Aqiba (135 n.Chr.) berichtet wird, das auf die Stunde des Sch'ma-Lesens, also des Ritualgebets »Höre Israel! Er unser Gott, einzig« fiel, in dem es heißt: »Du sollst Gott, deinen Herrn, lieben von ganzem Herzen, von ganzer Seele, von allen Kräften und von ganzem Gemüte …« (Dtn 6,5): »Die Stunde, da man Rabbi Aqiba zur Hinrichtung führte, war gerade die Zeit des Sch'ma-Lesens, und man riß sein Fleisch mit eisernen Kämmen; er aber nahm das Joch der himmlischen Herrschaft auf sich. Seine Schüler sprachen: Meister, so weit!? Er erwiderte ihnen: Mein ganzes Leben grämte ich mich über den Schriftvers: mit deiner ganzen Seele, sogar, wenn er deine Seele nimmt, indem ich dachte: wann bietet sich mir die Gelegenheit, und ich will es erfüllen, und jetzt, wo sie sich mir darbietet, sollte ich es nicht erfüllen!? Er dehnte so lange das Wort ›einzig‹, bis ihm die Seele bei ›einzig‹ ausging! Da ertönte eine Hallstimme und sprach: Heil dir, Rabbi Aqiba, daß deine Seele bei ›einzig‹ ausging!« (*Babylonischer Talmud*, Traktat Berachot 61b).

Diese Gottesliebe ist es, die im wahren Sinne »Leben« schenkt (vgl. Lukas 10,28). Die enge Verbindung von »Seele« und Gott wird damit für Judentum und Christentum erkennbar. »Seele« ist mithin nicht mehr nur Prinzip der Selbstbewegung des lebendigen, physischen Körpers, sondern jenes Prinzip der Bewegung, die das »wahre Leben« vermittelt, also die Bewegung hin zu Gott. Da diese Bewegung von Menschen unterschiedlich betrieben wird, kommt der Seele nunmehr nicht nur eine allen Seelen gleiche Form zu, sondern auch ein unterschiedlicher Inhalt im Sinne der Qualität, also Vereinzelung. Waren im griechischen Denken alle »Seelen« im Hades gleich, so ergibt sich nunmehr aus deren Vereinzelung: Wohl ist jedem Menschen dieselbe Anlage gegeben, doch führt deren Pflege nach jeweiliger Intention des Menschen zu unterschiedlicher Beziehung zu Gott. Dies ist auch im Islam: So wird z.B. durch die Kontemplation des »Gottgedenkens« (»*dhikr*«) die Seele (»*nafs*«) gereinigt, poliert. Da nunmehr von einer Individuation der »Seele« zu sprechen ist, kann dieses Wort nicht für den indischer Religion eigenen Begriff »*ātman*« – »Selbst« verwandt werden, der einen nichtpersonalen Lebenskern in jedem Lebewesen bezeichnet.

Die Seele ist innerhalb der christlichen Mystik das »Organ«, welches in seiner besonderen Beziehung zu Gott geeignet ist, den Weg zu ihm zu nehmen. Hier ist insbesondere an die Werke des Meister Eckhart (um 1260 – vor April 1328) zu denken, in welchen dieser Weg eines der Hauptthemen ist. Die außerordentlich differenzierte und filigrane, von stupenden Traditionskenntnissen zeugende Gedankenführung mag so zusammengefasst werden: *a)* Gott und die Seele sind ursprünglich vollkommen eins; *b)* die Seele sucht diese ruhige Einheit; *c)* sie sucht diese mit der ihr eigenen Erkenntnisfähigkeit, sodann wird die Seele durch *d)* Gottes Wirken Ort der »Geburt Gottes in der Seele«, die wiederum in Gott »geboren« wird, was *e)* das »Ein« der Seele mit Gott – nicht die »Vereinigung« – als Anfang und Ende des mystischen Weges freilegt. *a)* Zwischen Gott und Seele ist eine solche Einigkeit, dass die Schrift, wie Eckhart auslegt, in einem Evangelium das Prophetenwort »Ich sende meinen Engel« (Mal 3,1) ohne dieses »Ich« aufnimmt (Luk 7,27), was auch darin begründet sei, »daß Gott und die Seele so völlig eins sind, daß Gott nichts Eigenes haben kann, wodurch er von der Seele getrennt oder irgend etwas anderes wäre, so daß er [= der Evangelist] eben nicht sagen kann ›ich sende meinen Engel‹, so daß er [Gott, durch Hinzufügen des ›Ich‹] etwas anderes wäre gegenüber der Seele. Denn, wenn er ›ich‹ gesagt hätte, so hätte er (eben dadurch) etwas anderes gegenüber der Seele gemeint. Aus diesem Grunde verschweigt man den Namen ›ich‹, weil er und die Seele so völlig eins sind, daß Gott nichts Eigenes haben kann, so daß weder etwas noch nichts von Gott ausgesagt werden kann, das Unterschiedenheit oder Andersheit aufweisen könnte.« (*Deutsche Predigt 77*, ed. Quint S. 567). Diese Stelle zeigt weiters auch sehr schön, dass ein »Ich« in der ursprünglichen Einheit von Gott und Seele nicht Bestand haben kann, weil es eine Differenz anzeigt. *b)* Die Seele sucht nun diese Ruhe in der Einheit wieder zu erlangen (vgl. *Deutsche Predigt 60*, ed. Quint): »Wenn die Seele sich der Erkenntnis der rechten Wahrheit hingibt, der einfaltigen Kraft, in der man Gott erkennt, dann heißt die Seele ein Licht. Und auch

Gott ist ein Licht; und wenn das göttliche Licht sich in die Seele gießt, so wird die Seele mit Gott vereint wie ein Licht mit dem Lichte ... Sie [die Seele] kann nicht ertragen, daß irgendetwas über ihr sei. Ich glaube, sie kann sogar nicht ertragen, daß Gott über ihr sei; wenn er nicht in ihr ist und sie's nicht ebenso gut hat wie er selbst, so kann sie nimmer zur Ruhe kommen.« (*Deutsche Predigt 32*, ed. Quint S. 662). *c)* Die Seele hat, um diese »Erkenntnis der rechten Wahrheit« zu erlangen, »etwas in sich, ein ›Fünklein‹ der Erkenntnisfähigkeit, das nimmer erlischt« (*Deutsche Predigt 76*, ed. Quint S. 562), und dieses »Erkennen ist ohne Zeit und ohne Raum, ohne ›Hier‹ und ohne ›Nun‹. In *diesem* Leben sind alle Dinge eins, alle Dinge miteinander alles und alles in allem und ganz geeint.« (a.a.O. S. 563). »Mit den obersten Kräften berührt die Seele Gott; dadurch wird sie nach Gott gebildet«, und so wird »die Seele gänzlich mit Gott in dem Bilde und in der Gleichheit vereint, wenn sie ihn in rechter Erkenntnis berührt.« (*Deutsche Predigt 32*, ed. Quint S. 661). *d)* Dieser »Vorgang« gleicht einer Geburt, und so tritt das Ziel aller Schöpfung zu Tage: »daß Gott in der Seele geboren werde und die Seele [wiederum] in Gott geboren werde. Darum ist die ganze Schrift geschrieben, darum hat Gott die Welt und alle Engelsnatur geschaffen: auf daß Gott in der Seele geboren werde und die Seele [wiederum] in Gott geboren werde.« (*Deutsche Predigt 38*, ed. Quint S. 679). *e)* So nun ist die Seele »Ein« mit Gott, nicht »vereint« (vgl. *Deutsche Predigt 64*, ed. Quint S. 519), indem ihre Liebe jenes »Ein« freilegt.

Dieser Weg der Mystik tilgt die Trennung von Gott und Seele in eine Einheit, die nicht nur einer Anwesenheit bei einem Ersten Prinzip, sondern eine Anwesenheit in einem Ersten Prinzip sucht und findet. Die Seele des Menschen wird dadurch zu jenem Ununterschiedenen von Gott, so dass sie gleichsam aller Zweiheit ledig ist: »Und in diesem Einen sollen wir ewig versinken vom Etwas zum Nichts.« MEISTER ECKHART, *Deutsche Predigt 83*, ed. Quint S. 568).

Spiritualität

Vgl. Erfahrung, Gegenwart, Gelassenheit, Ich, Kontemplation, Meditation, Mystik, Religion, Sprache, Weg

1. Wort und dessen Bedeutung

»Spiritualität« ist ein Wort lateinischen Urspungs. Und doch ist dies Wort im klassischen Latein nicht vorhanden – ein Wort »spiritualitas«, »spiritalitas« gibt es nicht. Das mag überraschen und hat denn auch für die nachfolgenden Überlegungen durchaus Bedeutung. Das Substantiv »spiritualitas« gibt es nicht, wohl aber das Adverb »spiritaliter« und das Adjektiv »spiritalis«. Schon daraus ist zu schließen, dass ein Zustand mit der Bezeichnung »Spiritualität« der klassischen, Latein sprechenden Geisteswelt unbekannt war, sei sie vorchristlich, außerchristlich oder christlich gewesen. Adverb und Adjektiv dieses Wortstammes aber sind zumeist in Gegensatz gesetzt zu »animalis« (»tierisch«) oder »carnalis« (»fleischlich«), und so bedeuten sie ursprünglich »luftig«, im übertragenen Sinne dann »geistig«, »geistlich«, in Analogie zum Gegensatz »sichtbar – unsichtbar«.

In dieser Weise verwendet auch AUGUSTINUS (354–430 n. Chr.) zu Beginn seines großen Kommentars zum Johannes-Evanglium das Wort: »Intuens quod modo audiuimus ex lectione apostolica, quod animalis homo non percipit ea quae sunt spiritus Dei, et cogitans, in hac praesenti turba Caritatis uestrae necesse esse ut multi sint animales, qui adhuc secundum carnem sapiant, nondumque se possint ad spiritalem intellectum erigere, haesito uehementer, quomodo ut Dominus dederit, possim dicere, uel pro modulo meo explicare quod lectum est ex euangelio…« (*In Iohannis Euangelium* I,1). – »Im Hinblick auf das, was wir gerade gehört haben aus der Apostel-Lesung, daß der tierische Mensch nicht erfasst, was des Geistes Gottes ist [vgl. 1 Kor 2,14], und im Bedenken, daß in dieser anwesenden geschätzten Hörerschar es notwendig so ist, daß viele tierisch sind, die bislang nach dem Fleische verstehen und sich noch nicht vermögen zu geistiger Einsicht zu erheben, zögere ich heftig, wie ich, wenn es der Herr schenkte, sagen oder nach meiner bescheidenen Weise zu erklären vermöchte, was gelesen wurde aus dem Evangelium …«. Diese Wortverwendung von »spiritalis«, auch in der Vulgata, gibt das griechische »πνευματικός« (»pneumatikós«) wieder, was ursprünglich »der Luft (oder »dem Atem«, oder »dem Geist«) gemäß«, sodann aber auch »geistig,«, »geistlich« bedeutet und seinerseits das hebräische »רוח« (»ruach«), »Geist«, »Hauch« wiedergibt, also das unsichtbare Wirkende.

Für den antiken und spätantiken Sprachgebrauch kann also die Bedeutung von »spiritalis« mit »geistig« im Unterschied zum Körperlichen genannt werden. Das Substantiv »Spiritualität«, welches das »Deutsche Wörterbuch« von Jacob und Wilhelm Grimm noch nicht kennt (vgl. Jacob und Wilhelm GRIMM: *Deutsches Wörterbuch*. 10. Band, 1. Abtheilung), ist ebenso wie »spiritualitas« ein Neologismus, ausgehend von dem französischen »spiritualité«, das im französischen Katholizismus um das Jahr 1900 aufkam.

2. Spiritualität in den Religionen

Was ist also »Spiritualität«, religions- und kulturübergreifend begriffen? Zunächst: Spiritualität ist kein Zustand, der erworben werden könnte, sondern das Begleitmoment eines Weges zu einem Ziel. Ein Weg, ein Itinerarium – ein Schreiten auf dem Pfad geistig-geistlicher Stufenfolgen zum Ziele eines reinen Prozesses. So ist »Spiritualität« einem stets weiterzuführenden Suchen gleich; entgegen der grammatischen Bestimmung als Substantiv wirkt die adjektivische und adverbiale Bedeutung des Wortes im Begriff nach. Daher wird auch der Weg selbst zum Ziel werden, indem »Spiritualität« die Form, nicht den Inhalt des Weges kennzeichnet. Gerade deshalb können auch unterschiedliche Wege verschiedener Religionen von »Spiritualität« getragen sein. Hier ist vor allem an die Wege der Mystik in unterschiedlichen Religionen und Kulturen zu denken, die sich in ihrer Spiritualität gleichen, insofern sie die gemeinsame Grundvoraussetzung der Rücknahme des eigenen »Ich« (vgl. ALEXANDER PORAJ-ZAKIEJ: *Der Begriff der Ich-Struktur in der Mystik Meister Eckharts und im Zen-Buddhismus. Eine vergleichende Untersuchung. [Unveröff. Diss.].* Freiburg 2006; KATHARINA CEMING: *Einheit im Nichts. Die mystische Theologie des Christentums, des Hinduismus und Buddhismus im Vergleich.* Augsburg 2004) und des eigenen Willens haben. Gemeinsam ist aber auch der monistische Charakter dieser Wege, insofern sie auf Einheit hin angelegt sind. Das bedeutet den stufenweisen Untergang aller erscheinenden Vielheit, bedeutet damit aber auch die Unmöglichkeit einer verbalen, also vielheitlichen Beschreibung, so dass oftmals ein »ineffabile« (vgl. RUDOLF OTTO, *Das Heilige. Über das Irrationale in der Idee des Göttlichen und sein Verhältnis zum Rationalen.* München 36.–40. Tausend 1971, S. 5), eine »Unsagbarkeit« eintritt und Schweigen. Dadurch wird auch die »babylonische Vielheit« der einzelnen Sprachen gegeneinander abgetan und eine einheitliche menschliche Erfahrung gegenwärtig.

Für die Bestimmung der monistischen Mystik als einer zentralen Form von Spiritualität bedeutet deren unaussprechlicher Inhalt die Anwesenheit bei einem ersten einheitlichen Prinzip, eine Gegenwart bei der Einheit, also den Eingang des eigenen »Ich« in eine reine Einheit. Der Weg aber vollzieht sich in Stufen, so dass sich eine Topologie der Spiritualität ergibt, die einer Topologie der Mystik verwandt ist.

3. Versuch einer Topologie von Spiritualität

Eine »Topologie« ist eine Aufzählung verschiedener »Orte«, »Felder«, die einen bestimmten Bedeutungsgehalt haben. Eine solche Topologie lässt sich hinsichtlich von Spiritualität insofern erstellen, als auch die Rede von »Spiritualität« Gemeinsamkeiten bündelt, insbesondere im Blick auf die Stufenfolge des spirituellen Weges. Dieser Weg beginnt bei Vergegenwärtigungen. Aus der Erfahrung, dass Vergegenwärtigungen dasselbe bewirken können wie die »Realität«, ja dass alle Realität nur durch Vergegenwärtigung für den Vergegenwärtigenden wirksam ist, wird der Vorgang der Vergegenwärtigung zum zentralen Moment des spirituellen Weges. Die Vergegenwärtigung »stellt etwas vor«, doch so, da der Abstand zwischen Vergegenwärtigendem und Vergegenwärtigtem schrittweise reduziert wird, um eine Anwesenheit zu erreichen. Damit sind alle Aneignungsformen des »Haben-Wollens« und alle Reflexionsformen des Denkens und des Willens zurückgelassen (vgl. Meister Eckhart, *Deutsche Predigt 52*, ed. Quint).

Exemplarisch lässt sich dieser Weg der Vergegenwärtigungen innerhalb monistischer Spiritualität aller Weltreligionen in fünf Stufen als fünf Topoi gliedern, die in aufsteigender Folge beschritten werden:

1. Die erscheinende Vielheit als Einheit begreifen und das »Ich« als Teil dieser erscheinenden Vielheit. Beispiel für monotheistische Spiritualität: die erscheinende Vielheit und das »Ich« als Schöpfung begreifen. Stufe der *Konkretion.*
2. Die begriffene Einheit als Gegenwart erkennen und erfahren und dadurch die Dualität von »Ich« und »Vielheit« aufheben. Beispiel für monotheistische Spiritualität: alles Geschaffene als gegenwärtige Einheit erkennen und Erfahren. Stufe der *Allgemeinheit*.
3. Das diskursive Denken in seiner Reflexionsform in Einheit aufheben. Beispiel: Das »Ich« als Subjekt nimmt nichts

mehr, auch sich selbst nicht mehr als »Ich« zum Objekt des Denkens. Stufe der Aufgabe der Reflexion des *Denkens*.

4. Den strebenden Willen in seiner Reflexionsform in Einheit zurücknehmen. Beispiel: Das »Ich« als Willensträger will nichts mehr, auch sich selbst nicht mehr als »Ich« als Ziel des Willens. Stufe der Zurücknahme der Reflexion des *Willens*.
5. Das »Ich« löst sich auf und erhält sich doch in seinem Seinsgrund. Beispiel: Wie die Welle im Meer.

Nach dem fünften »Schritt« ist die Auflösung vollzogen, aber auch die Rückkehr ist möglich. Während etwa in weiten Teilen der islamischen monistischen Mystik, insbesondere in der theopathischen Mystik, der Verlust des »Ich« eine Rückkehr in die Welt der erscheinenden Vielheit unmöglich macht – wofür Ḥallāğ bester Zeuge ist (vgl. *Mystik* 2.3.) –, so ist in der christlichen Mystik diese Rückkehr im Zuge der Imitatio Christi geradezu gefordert (vgl. MEISTER ECKHART, *Deutsche Predigt 52*, ed. Quint; THOMAS VON KEMPEN, *Imitatio Christi*). Der Rückkehrende aber tritt wieder in die Welt der erscheinenden Vielheit ein, doch mit verwandeltem Bewusstsein und zurückgenommenem »Ich«, gleich einem »Bodhisattva« des Mahāyāna-Buddhismus. Er begreift sich als ununterschiedener Teil eines Ganzen, als eine »Welle im Meer« im »Meer der Seele« (vgl. HELLMUT RITTER, *Das Meer der Seele. Mensch, Welt und Gott in den Geschichten des Farīduddīn ʿAṭṭār*. Leiden 1955).

Mit dieser Art von spirituellem Weg verbinden sich Übungen, die den Weg zu Gegenwart und Einheit unter Aufhebung von Raum und Zeit begleiten können. Dies sind vor allem Meditation und Kontemplation. Während die Meditation Anwesenheit bei einem Unbewegten sucht, gleichsam ein bewegungsloses Gemälde vorstellt, versucht die Kontemplation Anwesenheit bei Bewegtem, bei einem Prozess, einem Film gleich.

4. Sinn von Spiritualität

Was ist nun der Gewinn für den Wanderer auf dem Wege der Spiritualität? Wenn Spiritualität als eine Geisteshaltung des Wanderns und Suchens beschrieben werden kann, die das mit Körpersinnen nicht Greifbare hin auf seinen letzten Seinsgrund sucht, so wird nun deutlich, dass eine solche Spiritualität Angstfreiheit, Gelassenheit und Freiheit schenkt. Das Festhalten am vermeintlich sicheren »Ich« ist dabei erstlich aufzugeben, da dies Festhalten in die Separation führt, welche eben Angst, Anhaften und Unfreiheit bedeutet. Und Gegensatz: Gegensatz, der unter Menschen nicht selten zu offenem Kampf aufbricht, zur gegenseitigen Tötung, zu Krieg. So sind nicht nur Angstfreiheit, Gelassenheit und Freiheit Ertrag des Weges dieser Spiritualität, sondern auch Friede unter den Menschen, Friede überhaupt. In Gegensatzlosigkeit, Gegenwart und Einheit verwirklicht sich so, was als Ziel gesucht und ersehnt wird: Das Geistige wird lebensstiftende Gegenwart.

5. Zusammenfassung

Die Rede von »Spiritualität« ist vielfältig. Wenn daher hier eine Geisteshaltung bezeichnet wird, die Gegenwart bei Einheit als Wegziel hat, dient diese Haltung als Grund und Grundzug aller Religionen dem Frieden und der Liebe unter den Menschen. Ist es doch die Liebe, die Gegensätze in Unterschiede, Unterschiede in Einheit verwandelt. Und ebenso verwandelt diese Spiritualität den »alten Menschen« in einen »neuen Menschen«, dem die Zukunft gehört.

Sprache

Vgl. Religion, Ritus, Spiritualität, Tod, Verstand

»Sprache« ist Gegenstand komplexer Wissenschaften, so etwa der Philosophie, der Sprachphilosophie, der Linguistik, der vergleichenden Sprachforschung. Die Bedeutung von »Sprache« im Bereich der Religionen ist nicht allein der Unterscheidung in »Schriftreligionen« und »Schriftlose Religionen« dienlich, denn alle Religionen und deren Inhalte sind zur Weitergabe bestimmt und stets auch weitergegeben worden. Eine solche Weitergabe muss auch sprachlicher Art und auf die Verständlichkeit der Sprache angelegt sein, sei es für die Verbreitung, sei es für die Überlieferung dieser Inhalte. Die Überlieferung im Sinne der belehrenden Erziehung setzt bei dieser Weitergabe sobald als möglich auch auf das Einsichtsvermögen des zu Belehrenden in sprachliche Zusammenhänge, indem ihm Kenntnisse anvertraut werden. Nicht zuletzt aber dient die Verständlichkeit aber auch dem Selbstverständnis des religiösen Lehrers, wenn er von seinem Verstand Gebrauch macht. Hier aber sind in unterschiedlichen Religionen unterschiedliche Denkstrukturen und unterschiedliche Denkvoraussetzungen, folglich unterschiedliche Sprachen zu erkennen. So haben sich besonders in den so genannten Weltreligionen unterschiedliche Gedankenfolgen entwickelt, die diese Religionen jeweils als schlüssige, aber unterschiedene Denkmöglichkeiten sprachlich darstellen – neben der rituellen und spirituellen Praxis. Eben diese in Sprache gefassten Gedankenfolgen sind aber Grundlage für das Verständnis und die verständliche Darstellung der Inhalte der Religionen, wenn sie nicht gar als unbedingte Voraussetzung für den Vollzug von Religion genommen werden, da sie für Mythos und Ritus unerlässlich sind.

Ein besonderes Problem für die religiöse Sprache ist, dass nicht selten Inhalte von Religion dargestellt werden sollen, die menschlichem Vorstellen entzogen sind, etwa in der Rede vom »Jenseits«: »Man denkt sich das Ewige Leben, das man schon seltsam genug als ›jenseitig‹ und ›nach‹ dem Tod weitergehend bezeichnet, zu sehr ausstaffiert mit Wirklichkeiten, die uns hier vertraut sind als Weiterleben, als Begegnung mit denen, die uns hier nahe waren, als Freude und Friede, als Gastmahl und Jubel und all das und ähnliches als nie aufhörend und weitergehend. Ich fürchte, die radikale Unbegreiflichkeit dessen, was mit Ewigem Leben wirklich gemeint ist, wird verharmlost und was wir unmittelbare Gottesschau in diesem Ewigen Leben nennen, wird herabgestuft zu einer erfreulichen Beschäftigung neben anderen, die dieses Leben erfüllen; die unsagbare Ungeheuerlichkeit, daß die absolute Gottheit selber nackt und bloß in unsere enge Kreatürlichkeit hineinstürzt, wird nicht echt wahrgenommen. Ich gestehe, daß es mir eine quälende, nicht bewältigte Aufgabe des Theologen von heute zu sein scheint, ein besseres Vorstellungsmodell für dieses Ewige Leben zu entdecken, das diese genannten Verharmlosungen von vornherein ausschließt. Aber wie? Aber wie?« (KARL RAHNER, *Erfahrungen eines katholischen Theologen,* in: KARL LEHMANN (Hrsg.), *Vor dem Geheimnis Gottes den Menschen verstehen. Karl Rahner zum 80. Geburtstag.* Freiburg 1984, S. 118).

Diese »Unbegreiflichkeit« bezieht sich allerdings nicht nur auf genuin religiöse Begriffe; sie wird aber besonders deutlich, wenn vermeintlich nichtreligiöse Begriffe in die theologische Rede genommen werden: »Aber jedes Mal, wenn ich irgendein Werk irgendeiner der modernen Wissenschaften aufschlage, gerate ich als Theologe in eine nicht ganz gelinde Panik. Ich weiß das allermeiste von dem, was da geschrieben steht, nicht und ich bin sogar meistens außerstande, genauer zu verstehen, was da zu lesen ist. Und so fühle ich mich auch als Theologe irgendwie desavouiert. Die blasse Abstraktion und Leere meiner theologischen Begriffe kommt mir erschreckend zum Bewußtsein. Ich sage: die Welt ist von Gott geschaffen. Aber was

Welt ist, davon weiß ich fast nichts und darum bleibt auch der Begriff der Schöpfung seltsam leer. Ich sage als Theologe: Jesus ist auch als Mensch der Herr der gesamten Schöpfung. Und dann lese ich, dass der Kosmos Milliarden von Lichtjahren sich ausdehnt, und frage mich dann erschreckt, was eigentlich der eben gesagte Satz bedeute. Paulus wußte noch, in welcher Sphäre des Kosmos er die Engel ansiedeln wollte. Ich weiß es nicht.« (RAHNER, a.a.O. S. 116). Hier kommt die gesamte Problematik religiösen Sprechens zum Ausdruck, eine Problematik, die als Problematik des Verstandes die Sprache betrifft. Denn: Sprache ist vielheitlich und unfähig, Unbegriffenes zu erfassen, unfähig, vollkommenes Einsehen ihrer Inhalte zu vermitteln. Daher benutzen die Religionen Sprachbilder, Gleichnisse, aber diese Bilder werden auch genommen als ein gegebenes, »geoffenbartes« Wissen, nicht etwa gefunden von Menschen oder gar erfunden. Nochmals: Im Selbstverständnis der Religionen wird die Grenze des Vorstellungsvermögens von Seiten des Unvorstellbaren so überschritten, dass für Menschen und unter Menschen das Unvorstellbare selbst Bild oder Sprachbild werden kann. Diese Grenzüberschreitung setzt ihrerseits ihre Grenze. Wer etwa »eine speziell religiöse sprachliche Äußerung verstehen will«, »muß sich als fähig erweisen, sich das Gehörte so anzueignen, dass er es nicht nur wortgetreu wiederholen, sondern in seine eigene Aussage verwandeln kann. Und er muß sich als fähig erweisen, die Grenzen zu bestimmen, an der alle ›freie Aneignung‹ endet, weil der ›Geist‹ des Gesagten nicht ohne den ›Buchstaben‹, also nicht ohne die konkrete sprachliche Gestalt seiner Bezeugung, bewahrt werden kann.« (RICHARD SCHAEFFLER, *Philosophische Einübung in die Theologie. Erster Band: Zur Methode und zur theologischen Erkenntnislehre* (= Scientia & Religio Bd. 1/1, hrsg. von MARKUS ENDERS u. BERNHARD UHDE), Freiburg/München 2004, S. 338.)

Die Grenze bleibt gesetzt als Grenze für menschliches Vorstellen und für menschliche Sprache. Nur von einer Seite her kann diese Grenze überschritten werden, und die dieser Überschreitung eigenen Bilder, sei es im gestalteten Bild oder im Sprachbild, sind nicht selten »autosuffizient«: ein Text »*kann* nicht mit andern Worten gesagt werden, *braucht* aber auch nicht mit andern Worten umschrieben zu werden, sondern wird ausschließlich durch die heiligen Worte selbst hinlänglich zu Gehör gebracht.« (SCHAEFFLER, a.a.O. S. 339). Dies ist ganz deutlich bei dem wortwörtlich geoffenbarten Text des Koran, dessen Autor Gott selbst ist: Seiner unübertrefflichen Barmherzigkeit wegen schenkt Gott selbst, der Grenzüberschreitung zu menschlichem Vorstellen liebend entgegenkommend, Sprachbilder und Gleichnisse und Vergleiche:

»Er [Gott] sendet herab vom Himmel Wasser, damit die Täler fließen nach ihrem Maß, und die Flut trägt Schaum auf der Oberfläche. Und worüber man Feuer entfacht, um Schmuck und Gerät zu gewinnen, aus dem tritt ein ähnlicher Schaum hervor. So trennt Gott das Wahre und das Nichtige voneinander. Doch der Schaum, er vergeht nutzlos. Was aber den Menschen nützt, bleibt auf der Erde. Und so prägt Gott die Gleichnisse.« (Koran 13,17; Übersetzung A. M. KARIMI: Der Koran. Hrsg. von BERNHARD UHDE. Freiburg 2009.) Und dies als »Zeichen für Leute, die nachdenken« (Koran 39, 42) und als Mahnung: »Und wahrlich, geprägt haben Wir den Menschen in diesem Koran Gleichnisse, damit die sich vielleicht ermahnen lassen!« (Koran 39,27).

Die Gleichnisse sind daher die notwendige Form, den grenzüberschreitenden Inhalt ahnen zu lassen. Dazu daher der große Theologe MUḤAMMAD AL-ĠAZZĀLĪ: »Wisse: Das Diesseits gehört zur Erdenwelt und zur Welt der Sichtbarkeit, das Jenseits zur Welt des Übersinnlichen und zur Wesenswelt. Unter dem Diesseits verstehe ich deinen Zustand vor dem Tod, unter dem Jenseits deinen Zustand nach dem Tod. Dein Diesseits und dein Jenseits sind also deine Eigenschaften und Zustände, von denen das, was benachbart und nahe ist, Diesseits, was später kommt, Jenseits genannt wird. Wir sprechen jetzt vom Diesseits aus über das Jenseits, wir sprechen also jetzt im Diesseits, der Erdenwelt, haben aber die Erklärung des Jenseits, der Wesenswelt im Auge. Doch es ist undenkbar, dass man die Wesenswelt in der Erdenwelt anders erklären könnte als durch Gleichnisse. Darum sprach Gott: *Das sind die Gleichnisse, die wir den Menschen prägen. Nur die Wissenden verstehen sie* (Sure 29,43). Die Erdenwelt ist nämlich im Verhältnis zur Wesenswelt ein Schlaf. Daher hat der Prophet gesagt: ›Die Menschen schlafen. Wenn sie sterben, wachen sie auf.‹ Was im Wachzustand sein wird, kann dir im Schlaf nur durch die Prägung von Gleichnissen, die einer Deutung bedürfen, erkennbar werden. Ebenso kann das, was im Wachzustand des Jenseits sein wird, im Schlaf des Diesseits nur durch viele Gleichnisse erkennbar werden.« (MUḤAMMAD AL-ĠAZZĀLĪ, in: *Muḥammad al-Ġazzālīs Lehre von den Stufen zur Gottesliebe. Die Bücher 31–36 seines Hauptwerkes eingeleitet, übersetzt und kommentiert von* RICHARD GRAMLICH. Wiesbaden 1984, S. 62f.).

So muss die Sprache der Religion, die Sprache der Spiritualität und die Sprache der Mystik stets eine vorläufige bleiben, denn wer könnte sagen, »wie es ist«, wenn der Beginn des Johannes-Evangeliums gelesen wird: »Im Anfang war das Wort, und das Wort war bei Gott, und Gott war das Wort«? Nicht einmal der Evangelist selbst: »Denn sagen wie es ist, wer vermöchte dies? Ich wage zu sagen, meine Brüder, vielleicht hat selbst Johannes nicht gesagt, wie es ist, sondern selbst auch er, wie er es vermochte, weil über Gott ein Mensch etwas gesagt hat: und zwar inspiriert von Gott, aber dennoch ein Mensch. Weil inspiriert, hat er etwas gesagt; wenn er nicht inspiriert gewesen wäre, hätte er nichts gesagt: weil wahrlich ein inspirierter Mensch, hat er nicht alles, was ist, gesagt, sondern was ein Mensch vermochte, hat er gesagt.« (AUGUSTINUS, *In Ioannis Euangelium* I,1).

So wird verständlich, dass dieser Sprache nicht selten auch

das Schweigen vorgezogen wird, so oftmals in Meditation und Kontemplation aller Religionen. Und doch ist die Sprache notwendig und hilfreich, um eine Ahnung von demjenigen zu vermitteln, was sich aller sprachlichen Aussage entzieht.

Tod

Vgl. Ich, Mystik, Religion, Spiritualität

»Tod« ist jener irreversible Vorgang, mit dem ein Lebewesen aus der Welt von Bewegung ausscheidet. Der Mensch gilt als dasjenige Lebewesen, das sich seines künftigen Todes bewusst ist. So ist der Tod bereits im Dasein verwahrt: »Der Tod als Ende des Daseins ist die eigenste, unbezügliche, gewisse und als solche unbestimmte, unüberholbare Möglichkeit des Daseins. Der Tod ist als Ende des Daseins im Sein dieses Seienden zu seinem Ende.« (MARTIN HEIDEGGER, Sein und Zeit. Tübingen 11. A. 1967, S. 258f.).

Der Tod ist aber auch als Grund für Religion angegeben und verstanden worden (s. *Religion*). Damit ist der physische Tod des Menschen angesprochen, der mit dem Verlust der Selbstbewegung des Körpers eintritt. Der Vollzug dieses Verlierens, das Sterben, darf nicht mit dem irreversiblen Ergebnis gleichgesetzt werden, denn mit dem Gedanken von Wiedereinkleidung des Lebensprinzips, also einer »Wiedergeburtslehre« (Hinduismus, Buddhismus), sind Folgen von Sterbevorgängen als Voraussetzung für die Wiedereinkleidungen anzunehmen. Unterschiedlich haben die Religionen aber die Frage zu beantworten gesucht, wohin das Prinzip dieser Selbstbewegung beim Tod abscheide: als Seele zu Gott (Judentum, Christentum, Islam), als Atman in vollkommene ruhige Identität (Hinduismus), als Verlöschen eines wechselseitigen Bedingungsgefüges (Buddhismus). Denkt man nun diese Todesfolgen als jeweilige Anwesenheit bei einem ersten einheitlichen Prinzip, so ist der Vollzug einer solchen Anwesenheit in der Spiritualität der Mystik, der »mystische Tod« des Mystikers, der Erfahrung des physischen Todes gleich. Insofern ist in allen diesen Religionen »Tod« als Möglichkeit zur Vollendung des mystischen Weges gewünscht.

Daher heißt es in der islamischen Mystik: »Es ist undenkbar, daß das Herz einen Geliebten liebt, ohne seine Anschauung und die Begegnung mit ihm zu lieben, und wenn es weiß, daß es keine Vereinigung geben kann, wenn es nicht vom Diesseits scheidet und von ihm durch den Tod getrennt wird, muß es den Tod lieben und nicht vor ihm fliehen. Für den Liebenden ist es keine Last, von seiner Heimat dorthin fortzuziehen, wo sein Geliebter wohnt, um die Freude seiner Anschauung zu genießen. Der Tod aber ist der Schlüssel zur Begegnung und die Eingangspforte zur Schau. Der Prophet sagte: ›Wenn jemand die Begegnung mit Gott liebt, liebt Gott die Begegnung mit ihm.‹« (MUḤAMMAD AL-ĠAZZĀLĪ in: *Muḥammad al-Ġazzālīs Lehre von den Stufen zur Gottesliebe. Die Bücher 31–36 seines Hauptwerkes eingeleitet, übersetzt und kommentiert von RICHARD GRAMLICH*. Wiesbaden 1984, S. 695). Verwandtes findet sich in Judentum und Christentum, indem der physische Tod des Menschen bedacht wird; der »mystische Tod« wird von Mystikern aber höher eingeschätzt, jener »Tod vor dem Tod«, der im Islam als »Entwerden« (»*fanā'*«) bezeichnet wird, wenn der Mystiker sein »Ich« vollkommen von Gott nehmen lässt. Ein solcher Mensch vermag unterschiedslos anwesend zu sein: »Der Mensch, der so in Gottes Liebe steht, der soll sich selbst und allen geschaffenen Dingen tot sein, so daß er seiner selbst so wenig achtet wie eines, der über tausend Meilen entfernt ist. Ein solcher Mensch bleibt in der Gleichheit und bleibt in der Einheit und bleibt völlig gleich; in ihn fällt keine Ungleichheit. Dieser Mensch muß sich selbst und die ganze Welt gelassen haben *[»Dirre mensche muoz sich selben gelâzen hân und alle dise werlt«*]. (MEISTER ECKHART, *Deutsche Predigt 12*, ed. Quint, S. 478).

Im Buddhismus soll die »Betrachtung über den Tod« (»*maraṇa-sati*«) hingegen vor allem Gleichmut hervorrufen (vgl. Visuddhi-Magga III,84f.; NYANATILOKA, *Visuddhi-Magga oder der Weg zur Reinheit.* Konstanz 2. A. 1952, S. 267ff.). Hier gibt es kein »Ich«, das abgetan werden könnte oder sterben. Daher ist »Tod« hier mit »Nirvana«, dem irreversiblen Verwehen, Erlöschen gleichzusetzen. Auch dieser Tod macht vollkommen frei von allem Leid und ist deshalb erlösend, ohne dass ein Erlöser zu denken ist.

Verstand

Vgl. Ich, Mystik, Sprache, Welt

»Verstand« ist diejenige Anlage des Menschen, die ihm die Möglichkeit zu denken schenkt. Dabei ist mit »Denken« jene Tätigkeit des Geistes gemeint, die Begründungszusammenhänge erfasst und in sprachlicher Form vergegenwärtigt. Diese Tätigkeit umgreift Erkennen von Identitäten und von Selbstwidersprüchen sowie die ordnende Einteilung von Sachverhalten und Objekten (vgl. ARISTOTELES, *Politik* I,2). Oberstes Prinzip dieser Verstandestätigkeit, die alles menschliche Erkennen begründet, ist nach ARISTOTELES der »Satz vom zu vermeidenden Widerspruch«, also das Prinzip des ausgeschlossenen Selbstwiderspruchs: »Daß nämlich dasselbe demselben gemäß desselben gleichzeitig zukommen und nicht zukommen kann, ist unmöglich.« (*Metaphysik* 1005 b 19f.). Es können also einem Subjekt nicht gleichzeitig und in gleicher Hinsicht einander widersprechende Prädikate zukommen. Hier wird genau erfasst, dass die Tätigkeit des denkenden Verstandes eine Trennung von Subjekt und Prädikaten, von Subjekt und Objekt ansetzt, also trennend und zusammensetzend ist. Insofern kann sich der Verstand stets nur auf erscheinende Vielheit richten, während ihm eine absolute Einheit entzogen bleiben muss, wie PLOTIN gezeigt hat (vgl. besonders *Enneade* III, 8,8). Daher ist klar, dass der Verstand nicht an eine absolute Einheit Gottes heranreichen kann, und daher kann er diese auch nicht wahrhaft aussagen (vgl. AUGUSTINUS, *De doctrina christiana* I,6,6; *In Ioannis Euangelium* I, 8; etc.), daher ist aber auch klar, dass der Verstand und das Denken nicht die Mittel sein können, um eine in der Spiritualität der Mystik gewünschte und vollzogene Anwesenheit bei der Einheit, zumal der Einheit Gottes, zu erlangen. Der Verstand ist, so verstanden, stets auf die Dualität von Subjekt und Objekt, von »Ich« und »Welt« bezogen und ist daher ein Organ, das auf weltliche Tätigkeit ausgerichtet ist.

Diesen Gedanken predigt MEISTER ECKHART: »Nun merkt auf! Gott ist namenlos, denn von ihm kann niemand etwas aussagen oder verstehen. Darum sagt ein heidnischer Meister: Was wir von der ersten Ursache verstehen oder aussagen, das sind wir mehr selber, als daß es die erste Ursache wäre, denn sie ist über alles Aussagen und Verstehen (erhaben). Sage ich demnach: ›Gott, ist gut‹ – es ist nicht wahr: Ich (vielmehr) bin gut, Gott (aber) ist nicht gut! Ich möchte darüber hinaus sagen: ›Ich bin besser als Gott!‹ denn, was gut ist, das kann besser werden; was besser werden kann, das kann zum Allerbesten werden. Nun (aber) ist Gott nicht gut, darum kann er nicht besser werden. Weil er denn nicht besser werden kann, daher kann er nicht das Allerbeste werden; denn fernab von Gott sind diese Drei: ›gut‹, ›besser‹, ›allerbest‹, denn er ist über alles (erhaben). Sage ich weiterhin: ›Gott, ist weise‹ – es ist nicht wahr: ich bin weiser als er! Sage ich ferner: ›Gott ist ein Sein‹ – es ist nicht wahr: Er ist ein überseiendes Sein und eine überseiende Nichtheit. Daher sagt Sankt Augustinus: ›Das Schönste, was der Mensch über Gott auszusagen vermag, das besteht darin, daß er aus der Weisheit des inneren Reichtumes schweigen könne‹. Schweig daher und klaffe nicht über Gott; denn damit, daß du über ihn klaffst, lügst du, tust du Sünde. Willst du nun (aber) ohne Sünde und vollkommen sein, so klaffe nicht über Gott. Auch verstehen (wollen) sollst du nichts von Gott, denn Gott ist über allem Verstehen. Ein Meister [AUGUSTINUS, *Sermo* CVII, 3,5] sagt: Hätte ich einen Gott, den ich verstehen könnte, ich würde ihn nimmer für Gott ansehen. Verstehst du nun (aber) irgend etwas von ihm, er ist nichts davon, und damit, daß du irgend etwas von ihm erkennst, gerätst du in Verständnislosigkeit, und durch solche Verständnislosigkeit gerätst du in Tierischkeit; denn, was an den Kreaturen verständnislos ist, das ist tierisch. Willst du nun nicht tierisch werden, so verstehe nichts von dem im Wort unaussprechlichen Gott. – ›Ach, wie soll ich mich denn verhalten?‹ – Du sollst ganz deinem ›Deinsein‹ entsinken und in sein ›Seinsein‹ zerfließen, und es soll dein ›Dein‹ und sein ›Sein‹ so gänzlich ein ›Mein‹ werden, daß du mit ihm ewig verstehst seine ungewordene ›Seinsheit‹ und seine unnennbare ›Nichtigkeit‹.« (Übersetzung mit Korrekturen Vf. nach Quint; vgl. MEISTER ECKHART, *Deutsche Predigt 83*, ed. Quint, S. 585).

Wahrheit

Vgl. Religion, Verstand, Weg

1. Begriff und spirituelle Bedeutung

»Wahrheit« ist ein Begriff, dessen Deutung und Bedeutung vielfältig ist. Zunächst wird darunter die Übereinstimmung von Rede oder Gedachtem mit der Wirklichkeit oder dem tatsächlichen Sachverhalt verstanden (vgl. Jacob und Wilhelm GRIMM: *Deutsches Wörterbuch*. 13. Band, Leipzig 1922, Spalte 839ff.). Diese »Adaequationslehre« (»Lehre von der Angleichung«) ist aber nur eine der »Wahrheitstheorien«, die sich von der Antike bis zur Neuzeit entfaltet haben (vgl. MARKUS ENDERS / JAN SZAIF (Hrsg.), *Die Geschichte des philosophischen Begriffs der Wahrheit*. Berlin 2006). In Religionen verbundenen Begriffen von »Wahrheit« wird diese mit dem Begriff von »Einheit«, absoluter Selbstübereinstimmung, in Zusammenhang gebracht, also mit dem Ausschluss von Selbstwiderspruch. Dies hat in der abendländischen Tradition erste logische Begründung bei PARMENIDES (um 540-um 480 v. Chr.) erfahren, der zwischen »Wahrheit« (»ἀλήθεια«) und »Meinung« (»δόξα«) unterschied, diesen Unterschied als die erste Wahrheit erkannte und damit die Einheitlichkeit von Wahrheit.

Innerhalb von monotheistischer Religiosität kann die Einheit von Wahrheit daher nur Gott selbst zugedacht werden, wie dies in der Philosophie PLOTIN (ca. 205–270 n. Chr.) gezeigt hatte. Er ist der absolute, einheitliche und sich selbst erkennende Geist:

»Wäre nicht Wahrheit im Geiste, so wäre ein derartiger Geist weder Wahrheit noch in Wahrheit Geist, und also überhaupt nicht Geist. Es kann dann aber die Wahrheit auch nirgendwo anders sein …« (PLOTIN, *Enneade V*,5,1,65f.). Der Eine ist also »Wahrheit«, mit sich selbst seiner absoluten Einheit wegen vollkommen übereinstimmend, oder: Vollkommene Selbstübereinstimmung ist »Wahrheit«. Daher ist Gott Wahrheit: »Er ist einzig ›nur‹ eine einfaltige, lautere wesenhafte Wahrheit« (MEISTER ECKHART, *Deutsche Predigt 75*, ed. Quint S. 559). Diese Auffassung hat für die Spiritualität und die Mystik zur Folge, dass der Versuch einer Anwesenheit bei einer absoluten Einheit auch der Versuch einer Anwesenheit bei der Wahrheit ist, so dass der spirituelle mystische Weg ein Weg der Wahrheit ist. Wahrheit aber ist hier nicht dasselbe wie »Übereinstimmung mit der Wirklichkeit«, sondern Wahrheit und Wirklichkeit sind geschieden gegeneinander, wenn »Wirklichkeit« als faktische Wirklichkeit verstanden wird. »Wahrheit« ist hier Übereinstimmung mit Einheitlichkeit, gerade nicht mit erscheinender Vielheit der Welt.

2. Gott und Wahrheit: Judentum, Christentum, Islam

Wenn Gott der Eine ist, so ist er Wahrheit und in Wahrheit, und mit Wahrheit tritt er hervor. Daher heißt es im Judentum: »Was ist das Siegel des Heiligen, gepriesen sei Er? Rabbi Bebai (um 320) sagte im Namen Rabbi Reubens (um 300): emeth [»אֱמֶת« =Wahrheit]. Was bedeutet »emeth«? Rabbi Bun (um 300) hat gesagt, dass Er lebendiger Gott und ewiger König sei. Resch Lakisch (um 250) sagte: Alef ist der Anfang des Alphabeths, Mem in der Mitte, Taw am Ende, um zu sagen (Jes 41,4): ›Ich, der Herr, bin der erste‹, weil ich von keinem anderen empfangen habe. ›Und außer mir gibt es keinen Gott‹ (Jes 44,6), denn ich habe keinen Genossen. ›Und bei den Letzten noch derselbe‹ (Jes 41,4), denn ich werde sie [die Göttlichkeit] keinem anderen übergeben.« (Jerusalemer Talmud: ySanh § 1 Hal 1). Zur Erklärung: Alef, der erste Buchstabe des hebräischen Alphabeths, ist der Vokalträger des anlautenden »e« des Wortes »emeth« (= Wahrheit); Mem (= m) bildet die Mitte (eigentlich 13. Buchstabe des 22-teiligen Alphabets) und Taw

(= th) den Schluss. So bezeichnet »Wahrheit« eben jenen Einen, der war, ist und sein wird, wie sein heiliger Name nahelegt (vgl. Ex 3,14). Und einheitlich ist daher sein Hervortreten in Wahrheit.

Im Christentum ist Christus selbst die entäußerte Wahrheit Gottes (vgl. Joh 14,6), der Wahrheit kündet (vgl. Mk 12,14): »Da sprach nun Jesus zu den Juden, die an ihn glaubten: Wenn ihr bleiben werdet an meiner Rede, so seid ihr in Wahrheit meine Jünger und werdet die Wahrheit erkennen, und die Wahrheit wird euch frei machen.« (Joh 8,31f.). Jesus bezeugt diese Wahrheit, die er selbst ist (Joh 18,37). Diese Wahrheit steht gegen die Unwahrheit wie Licht gegen Finsternis: »Es kann nicht miteinander bestehen das Licht und die Finsternis. Gott ist die Wahrheit und ein Licht in sich selbst.« (MEISTER ECKHART, *Deutsche Predigt 1*, ed. Quint S. 430; vgl. Psalm 43,3). Und so hat auch die christliche Theologie Gott als die Wahrheit und Christus als vollkommenen Ausdruck dieser Wahrheit begriffen (vgl. z. B. BONAVENTURA, *Sentenzenkommentar* I, dist. 8, p.1 a.1q. 1).

Für die religiöse Welt des Islam ist der Begriff »Wahrheit« in vollkommener Weise nur auf Gott zu beziehen, „Denn Gott ist die Wahrheit« (Koran 22,62). Im weiteren Sinne ist aber auch wahrheitsfähig, was mit dem geoffenbarten Gotteswort, dem Koran, übereinstimmt oder daraus gefolgert werden kann. Hier ist die gottgeschenkte wahrheitsfähige Tätigkeit des menschlichen Verstandes, dem es gegeben ist, zwischen »Wahrheit« und »Nichtigem« gemäß dem »Satz vom zu vermeidenden Widerspruch« zu unterscheiden, gefordert. Für die islamische Mystik schließlich ist nur Gott Wahrheit und Wirklichkeit allein. Die Wahrheit ist daher »Islam« (»Hingabe«) und im Islam, und Islam ist daher die unterscheidende Wahrheit für alle Menschen.

3. Wahrheit im Hinduismus und Buddhismus

Die in den monotheistischen Religionen begriffene »Wahrheit« als absolute und reflexive Einheit hat innerhalb der indischen Geisteswelt keine genaue Entsprechung. Während »*satya*« eine Art Aussagewahrheit ist (vgl. *Śatapatha-brāhman a* 2,5,2, 20), mag »rita« die Wahrheit der kosmischen Ordnung, die Ordnung des »Dharma« bezeichnen. »Wahrheit« aber ist doch diejenige Wahrheit, die aus der Welt der Kausalität führt, also jene Lehren, die zu ruhiger Selbstidentität als Erlösungsziel anleiten. Im Buddhismus ist »Wahrheit« ebenfalls ein unterschiedlich gebrauchter Begriff. Während die »Vier edlen Wahrheiten« (»*ariya-sacca*«) insofern Wahrheit sind, als sie unumstößlich feststehen und keine Unwahrheit enthalten, sind sie doch schlussendlich als »Leere« (»*suññatā*«) zu durchschauen: »Im höchsten Sinne hat man alle vier Wahrheiten als leer zu betrachten, und zwar weil es da keinen Fühlenden, keinen Täter, keinen Erlösten und keinen auf dem Pfade Wandelnden gibt. Darum heißt es:

> Bloß Leiden gibt es, doch kein Leidender ist da.
> Bloß Taten gibt es, doch kein Täter findet sich.
> Erlösung gibt es, doch nicht den erlösten Mann.
> Den Pfad gibt es, doch keinen Wand'rer sieht man da.
> Von Dauer, Schönheit, Glück, Persönlichkeit
> Ist leer die erste und die zweite Wahrheit,
> Von Ichheit leer das todlose Gebiet,
> Und leer von Dauer, Glück und Ich der Pfad.«
>
> (Visuddhi-Magga XVI, 512 f.; NYANATILOKA, *Visuddhi-Magga oder der Weg zur Reinheit.* Konstanz 2. A. 1952, S. 597).

So wird »Wahrheit« im Hinduismus zu einer letzten Einheit, im Buddhismus zu einer letzten aufgehobenen Einheit.

4. Zusammenfassung

»Wahrheit« im spirituellen Sinne ist die einheitliche Übereinstimmung mit sich selbst und dadurch ein Prozess, der zur Anwesenheit bei der vollkommenen Wahrheit führen soll. In der Adaequation an diese Wahrheit ist das Ziel erreicht und die Aufhebung der entäußerten Wahrheit in der reinen einen Wahrheit möglich.

Weg (Übung)

(Miriam Münch)

Vgl. Ich, Meditation, Meister-Schüler, Monismus, Mystik, Welt

Der Weg wird seit jeher als Symbol für das menschliche Leben verwendet und bringt ein tieferes Verständnis der Dynamik menschlichen Daseins zum Ausdruck. Mit dem Wegsymbol wird ein Deutungshorizont geschaffen, der eine Sicht des menschlichen Lebens als ein zuweilen auch mühevolles Durchschreiten einer bemessenen Strecke eröffnet und damit zugleich die Fragen nach einer guten Führung auf dem Weg und nach dem Wie des Gehens, der Lebensführung, aufwirft. Darüber hinaus erstreckt sich der Horizont des Symbols auf das Wohin, also das Ziel des Wegs, mit dem aber auch das Ende des Wegs verbunden ist. Zum Leben, so wird deutlich, gehört auch das Hinter-Sich-Lassen, das Zurücklassen, das Weitergehen, es steht unter den Vorzeichen ständiger Veränderung, des Kommens und Gehens, des Begrüßens und Abschiednehmens, des Findens und Verlierens, des Werdens und im wahrsten Sinne des Wortes des »Ver-gehens«. So bringt das Wegsymbol auch die Vorläufigkeit, Begrenztheit und Vergänglichkeit des menschlichen Lebens zum Ausdruck.

1. Der Weg in den Religionen

Daran anknüpfend verwenden viele Religionen den Weg als Metapher für die Methoden, Übungen, Lehren und Gebote, die ihrer jeweiligen Auffassung nach zum Heil führen. Das religiöse Verständnis des Weges bringt zum Ausdruck, dass das religiöse Suchen, sei es nun die Suche nach Gott oder das Streben nach Erkenntnis der Wahrheit, auf ein Ziel hin ausgerichtet ist. Ein spiritueller Weg ist jedoch selten eine gerade Strecke; nicht umsonst wird er auch in Form des Labyrinths (z.B. in der Kathedrale von Chartres oder im Dom von Siena) dargestellt. Die Darstellung des Weges als Labyrinth zeigt eine Grunderfahrung, die viele Menschen auf ihrem spirituellen Weg machen, nämlich gerade dann, wenn man sich am weitesten weg vom Ziel wähnt, ihm am nächsten zu sein, es aber trotzdem nicht erreichen zu können. Diese Ambivalenz von Suchen und Finden, von (Gottes-)Nähe und (Gottes-)Ferne zeichnet spirituelle Wege aus.

Das mit Weg verbundene Wortfeld (z.B. laufen, gehen, führen, Pfad, Straße) ist fester Bestandteil religiöser Terminologie. So verwenden Judentum und Islam die Wegmetapher für ihr Religionsgesetz; Juden nennen ihre rechtliche Auslegungstradition *Halacha*, was mit »der zu gehende Weg« übersetzt werden kann, das Wort *Scharia*, mit dem das islamische Recht bezeichnet wird, bedeutet soviel wie »der gerade Weg zur Tränke«. Im chinesischen Daoismus ist die Wegmetapher (*dào*) bereits im Namen enthalten und meint den »Weg des Universums«, den das All nach kosmischen Gesetzen durchläuft und der sich im Leben des Menschen spiegelt; ebenfalls im Namen vorhanden ist der Weg im japanischen Shintoismus, der sich auf den »Weg der Götter« (*shintō*) bezieht. Dem chinesischen *dào* entspricht das japanische *dō*, das sich in den so genannten Wegen des Zen-Buddhismus wiederfindet wie dem »Weg des Tees« (*chadō*) oder dem »Weg des Bogenschießens« (*kyūdō*). Im Hinduismus werden die drei großen Schulen des rechten Handelns (*karma*), der rechten Erkenntnis (*jnāna*) und der rechten Hingabe (*bhakti*) als Pfade (*mārga*) bezeichnet. Der Buddha lehrt den *achtfachen Pfad* zur Überwindung des Leidens, so dass im *Mahāyāna*-Buddhimus die spirituelle Anstrengung als »das Betreten des Pfades zur Erleuchtung« (*bodhicaryāvatāra*) bezeichnet wird. Und auch das frühe Christentum bezeichnete sich schlicht als »der Weg« (Apg 9,2).

Trotz der vielfachen Verwendung der Wegterminologie in den Religionen ist das Gemeinte so verschieden wie die Religionen selbst. Die Rede vom Weg impliziert aber, dass es eine reproduzierbare und kommunikable, also lehr-, lern- und einübbare Möglichkeit gibt, zum Heil zu gelangen. Eine wichtige Rolle spielt dabei der spirituelle Lehrer bzw. Meister. Die großen Stifterfiguren der Religionsgeschichte haben sich als Lehrer verstanden, unterscheiden sich aber in ihrem Verständnis dieser Funktion. Interessant ist dabei der Vergleich zwischen dem Buddha und Jesus. Während der Buddha gemäß der Überlieferung vor allem den Anspruch vertritt, aus seiner eigenen Erkenntnis heraus einen Weg aus dem Leiden zu *zeigen*, wird von Jesus im *Johannesevangelium* die Aussage überliefert: »Ich bin der Weg und die Wahrheit und das Leben; niemand kommt zum Vater außer durch mich.« (Joh 14,6) In dieser Charakterisierung kommt allerdings der so genannte eschatologische Vorbehalt christlicher Existenz zum Ausdruck, die Dialektik von schon angebrochenem und noch nicht vollendetem Heil. Denn obwohl Jesus Christus der Weg zum Heil ist, ist er selbst als Mensch ein Gehender und ein Suchender; auch sein Lebensweg endet zunächst im Ungewissen, der Gottverlassenheit am Kreuz, und ist von unaussprechlichem menschlichem Leid, Folter, Schmerzen und dem Verrat durch die Freunde geprägt (vgl. Mt 26–27 parr.). Obwohl Christen in der Nachfolge Jesu wissen, dass dieser der Christus ist und mit ihm das Reich Gottes begonnen hat, sind auch sie Gehende und Suchende. Jesus lehrt also die Identität von sich und dem Weg, der Buddha hingegen lehrt einen auch unabhängig von sich zum Heil führenden Weg. Demnach besteht christliche Praxis auch in der *imitatio Christi*, in der Nachahmung Jesu und in der Vertiefung der Glaubensbeziehung zu dem als den Sohn Gottes Geglaubten. Dieser Jesus, wie er in den Evangelien überliefert wird, ruft auf zur Umkehr (*metanoia*) und zur radikalen Nachfolge, zum Mitgehen mit ihm im wahrsten Sinne des Wortes, nicht jedoch zu einem bestimmten Übungsweg. Anders der Buddha, der losgelöst von seiner Person einen Übungsweg lehrt, der mittels asketischer Disziplin (s.u.) über die meditative Versenkung (*samādhi*) zum Erwachen (*bodhi*) führt. Die mit dem Erwachen verbundene Befreiung aus der Folge von Wiedergeburten, dem Rad des Lebens (*samsāra*), bedeutet das Ende des leidvollen Daseins und damit auch das Ende aller Wege sowie das Ende des Gehens. Pointiert kann also gesagt werden: Im christlichen Glauben und in der christlichen Spiritualität ist das Ziel, das am Ende eines jeden Lebensweges steht, nämlich Jesus Christus, auch der Weg. Die Beziehung zu Jesus Christus und der Glaube an Gott führen genau dorthin, auf dem irdischen Weg unter Begleitung des Heiligen Geistes. Demgegenüber zeigt der Buddha einen Weg, der in der Übung des Gehens besteht und dessen Ziel die erlösende Befreiung vom Gehen-Müssen ist. *Shakyamuni Buddha*, dessen Geburtsname *Siddhartha* in der Übersetzung aus dem *Pali* so viel heißt wie »der sein Ziel erreicht hat«, lehrt den *achtfachen Pfad*, der alle Bereiche menschlichen Seins und Handelns umfasst und den er auch den *mittleren Weg* nennt, weil er die Extreme anderer religiöser Lehren meidet. Weder in exzessiver Weltabgewandtheit bis hin zu quälender Askese, noch in einer den materiellen Dingen verhafteten Lebensweise ist – der Erkenntnis des Buddha nach – der Weg zum *Nirvana* zu finden.

Die Wegmetaphern haben in den Religionen oft eine mystische Ausdeutung erfahren, so dass sie, trotz aller Verschiedenheit, in einer universalen mystischen Erfahrung, der Erfahrung der Einheit, konvergieren. So bezeichnet auch die christliche Mystik z.B. bei JOHANNES VOM KREUZ und TERESA VON AVILA den Prozess des Einswerdens mit Gott als Stufenweg, ein schrittweise erfolgendes Sich-Annähern an das Mysterium Gottes mittels des Weges der Reinigung (*via purgativa*) über den Weg der Erleuchtung (*via illuminativa*) zum Weg der Vereinigung (*via unitiva*). Ganz ähnlich wird dies in der islamischen Mystik, dem Sufismus, beschrieben, denn hier stellt die erste Stufe das göttlichen Gesetz dar, das als breite Straße gesehen wird, die jeder Muslim zu gehen hat (*šarīʿa*). Davon zweigt der schmalere *Pfad* des Mystikers (*ṭarīqa*) ab, der in die Wahrheit (*ḥaqīqa*) und letztlich in die Erkenntnis (*maʿrifa*) führt. Im Sufismus wird für diese Stufenlehre auch das Bild der Rose verwendet, wobei die *Scharia* die Dornen sind, die den Stiel der Rose, den Weg des Mystikers schützen, damit die Rose ihre Blüte, die Wahrheit bzw. Erkenntnis entfalten kann. So steht am Ende des mystischen Weges des Sufis wie auch am Ende anderer mystischer Stufenwege die Erkenntnis der Einheit: dass nichts und niemand von Gott getrennt ist, dass Gott alles ist und nur Gott ist (Monismus) und das menschliche Ich als eigenständiges Subjekt überwunden ist. (Zur islamischen Mystik vgl. ANNEMARIE SCHIMMEL, *Mystische Dimensionen des Islam*. Köln 1985, bes. S. 147ff.).

So kann die Wegmetapher mit dem Ziel der Überwindung des Ich letztlich auch spirituelles Verbindungsglied und gangbare Brücke zwischen den gelebten Religionen in ihrer mystischen Ausprägung sein, in besonderer Weise zwischen Christentum und Zen in der gemeinsamen Erfahrung der »Anmut des Weges« (Kakichi Kadowaki). Ausgehend von der symbolischen Durchdringung des menschlichen Lebens als Weg, den alle Menschen zu gehen haben, unabhängig von Nationalität, Kultur und Religion, und der für alle Menschen unter den Vorzeichen von Endlichkeit steht, können im mystischen Sich-Einüben in das Gehen, gespeist und bereichert aus den Traditionen des Westens und des Ostens, längere gemeinsame Wegstrecken und ein größerer Respekt vor dem Weg des anderen entstehen.

2. Übung und Askese

Mit der Vorstellung des religiösen Weges ist in vielen Religionen auch eine Praxis der Übung verbunden. Menschen, die ein bestimmtes spirituelles Ziel verfolgen, ein umfassendes Verständnis ihrer selbst und ihres Platzes in der Welt oder sogar eine Transformation ihrer selbst erstreben, machen sich auf einen Übungsweg. Dieser Übungsweg wird zumeist durch einen spirituellen Lehrer oder Meister begleitet und angeleitet, mindestens ist jedoch die Anleitung durch eine bestimmte Lehre erforderlich. Der Gedanke der Übung betont dabei den Aspekt des Werdens gegenüber dem Sein und fußt auch auf der lebenspraktischen Annahme, dass der Mensch sich neue Sichtweisen und Handlungsmuster nur durch Wiederholung einprägen kann, bis im Idealfall eine völlige Aneignung des zu Übenden stattfindet, so dass kein Willensentschluss mehr nötig ist und die Übung in eine echte Praxis übergeht. Übung zielt genau wie die Vorstellung eines zu gehenden Weges immer auf Entwicklung, Wachstum, das Ausschöpfen des eigenen Potentials im Hinblick auf ein selbstgewähltes oder vorgegebenes spirituelles Ziel. Anstelle von spiritueller Übung, die eher den repetitiven Charakter und die Wegform zum Ausdruck bringt, wird auch der Ausdruck der spirituellen Disziplin verwendet; abgeleitet vom lateinischen Verb *discere* tritt hier der Aspekt des Lernens verstärkt hervor und es wird eine Transparenz hin auf das Meister-Schüler-Verhältnis geschaffen (engl. *disciple).*

Im Zusammenhang der geistlichen Übung ist auch die Askese ein zentraler Begriff. Das Wort Askese ist vom griechischen Verb *askeín* abgeleitet und heißt zunächst »bewegen/bearbeiten«, nimmt aber bald die Bedeutung »wiederholt bearbeiten/üben« an. »Üben« meint hier das mühevolle An-Sich-Arbeiten sowohl im geistlich-sittlichen Sinne, der Übung im Streben nach Wahrheit und Gerechtigkeit, als auch im körperlichen Sinne, beispielsweise durch Gymnastik, Athletik oder das Erlernen der Kampfkunst. Die »Askese« zielte im Kontext der griechischen Antike zunächst noch nicht auf Entsagung, sondern auf die Ausbildung von Tüchtigkeit, Tugendhaftigkeit und Kraft. Im Lateinischen wurde *áskesis* durch die Substantive *exercitatio* (Bewegung, Übung) sowie durch *labor* (Arbeit, Mühe) wiedergegeben; vor allem die *exercitatio* ist bis heute im Deutschen als Fremdwort für die militärische Übung (exerzieren), die schulische Übung, aber vor allem die geistliche Übung (Exerzitien) erhalten geblieben. Die Grundstruktur christlicher Exerzitien bis heute geht auf den Gründer des Jesuitenordens Ignatius von Loyola zurück. In ihrer vollständigen Form umfassen die ignatianischen Exerzitien einen vierwöchigen Zeitabschnitt, in dem unter Auferlegung von strengem Schweigen intensive geistliche Übungen verrichtet werden, mit dem Ziel, das eigene Leben zu *ordnen* und aus der freimachenden Beziehung zu Gott heraus Entscheidungen zu treffen. Einen großen Raum nimmt dabei die Schriftbetrachtung ein. Durch meditative Vergegenwärtigung der Stationen des Lebens Jesu, zumal seiner Passion, und durch intensive Gewissenserforschung werden in der *Unterscheidung der Geister* (gemäß 1 Kor 12,10) neue Perspektiven auf das eigene Leben und auf die Beziehung zu Christus hin eröffnet.

Doch auch die Askese im landläufigen Sinne des Verzichts und der Entsagung fand ihren Weg in das Christentum. Im

Zuge einer dualistischen Weltsicht, wie sie im Platonismus angelegt war und durch den Neuplatonismus weitergeführt wurde, entwickelte sich eine Sichtweise, derzufolge die (Geist-) Seele im Körper wie in einem Grabmal gefangen sei und Tugendhaftigkeit deshalb durch Verzicht und Weltentsagung mittels einer Reinigung der Seele durch Askese des Körpers zu erlangen sei. Durch die Abwertung des Leibes kam es vermehrt zu einer Übung der Entsagung von Nahrung, Kleidung, Schlaf, Obdach, Sexualität etc. Diese Praxis wurde von christlichen Mönchen vor allem in Syrien und Ägypten (z.B. die Säulensteher (*Styliten*)), in teils extremer und den Körper über die Entsagung hinaus quälender Form aufgenommen. Die Askese in den theistischen Traditionen ist stark durch die Aspekte Reinigung (*Katharsis*) und Buße geprägt und orientiert sich an den durch den irdischen Jesus vorgelebten Topoi Selbstverleugnung und Selbstopfer (Kreuzestod). Aus den asketischen und eremitischen Traditionen des Frühchristentums entwickelte sich die bis heute prägende monastische Lebensweise, von der vor allem die Ordensregel des Benedikt von Nursia mit der programmatischen Verbindung von Gebet und Arbeit (*ora et labora*) hervorzuheben ist.

Eine lange Tradition hat die asketische Übung im Kulturbereich der fernöstlichen Religionen, insbesondere China, Japan und Indien. In manchen hinduistischen Traditionen erhält die asketische Übung, zumal die Meditation, sogar kosmologische Bedeutung, weil die dabei entstehende Hitze (*tapas*) als schöpferisch-kreative Kraft betrachtet wird. Während vor allem in Indien die extreme Askese eine lange Tradition hat, waren unter anderem deren selbstquälerische Ausprägungen selbst Buddha zu streng, dessen *mittlerer Weg* selbst noch die Überwindung der Askese empfiehlt. Doch auch der Buddha erachtet den Körper als Hort der Vergänglichkeit.

Als typische Formen fernöstlicher Askese sind vor dem die Übungspraxis des *Yoga* und des *Zen* hervorzuheben. Yoga, verwandt dem deutschen Wort Joch, bedeutet zunächst das Anschirren des Jochs des Körpers und des Geistes, übertragen dann auch die Vereinigung beider. Unter Yoga ist sodann eine philosophische Lehre mit dem Ziel des Einswerdens mit dem Göttlichen zu verstehen, die geistige wie körperliche Übungen umfasst und in ihren klassischen Systemen (z. B. *Yoga-Sutren* des PATANJALI) einen stufenweise methodisch nachzuvollziehenden Weg der Loslösung des Geistes von seinen Anhaftungen und damit zur Befreiung (*moksha/mukti*) darstellt.

In der heutigen, auch im Westen stark verbreiteten Bedeutung bezieht sich Yoga, besonders in Form des *Hatha Yoga*, in erster Linie auf die körperliche Übung und Atemtechnik, die ursprünglich als Vorbereitung und Stärkung für das meditative Sitzen diente, das in der Zenpraxis (*Zazen*) ein zentrales Element ist und genau wie Yoga das Ziel verfolgt, Körper und Geist zur Ruhe zu bringen.

In der Ruhe, wie sie oft auch im äußerlichen Schweigen zum Ausdruck kommt (z. B. Schweigeexerzitien, Schweigeorden), im Üben des Loslassens, um gelassen zu werden, liegt wiederum ein wichtiges Verbindungsglied zwischen westlichen und östlichen Formen der Übung. Die im Buddhismus so wichtige Einübung in die Erkenntnis der Ichlosigkeit, in der der *Durst auf Leben* nicht gestillt, sondern zum Erliegen gebracht wird, ist unter anderem im Verzicht auf Heimat, Besitz und Selbstbestimmung im Ordensleben auch ein wichtiges Merkmal christlich geprägter Askese. Jedoch gibt es auch einen großen Unterschied zwischen der asketischen Übung in den theistischen Religionen (v. a. Judentum, Christentum und Islam) und der Übung in den nichttheistischen Religionen bzw. Weisheitswegen. In den theistischen Religionen sind Askese und Übung niemals Selbstzweck, sondern Mittel zum Zweck einer vertieften Gottesbeziehung. Deshalb steht die Theologie theistischer Religionen dem Gedanken der Selbsterlösung durch Meditation und Askese oftmals kritisch gegenüber, Erlösung und Befreiung bedürfen immer des Gnadenhandelns Gottes; damit ist aber zugleich auch ein Korrektiv gegen ein spirituelles Leistungsdenken gegeben. Die Vollkommenheit der Erlösung zu Lebzeiten wird demzufolge in Judentum, Christentum und Islam ausgeschlossen, während die indische und buddhistische Mystik diese als möglich erklärt (*jīvanmukti*): die Übung ist in dieser Sichtweise schon eine Heilserfahrung.

Die Einübung in den Ich-Verzicht geschieht im theistischen Kontext demnach nicht aus der befreienden Einsicht in die Leere (*suññatā*) bzw. Nichtexistenz eines Ichs (*anātman*-Lehre), sondern im Bestreben, sich frei von Egoismen gleichförmig mit dem Willen Gottes zu machen. Die entstehende Leere soll Freiheit schaffen zum solidarischen Handeln aus Nächstenliebe. Zeitgenössische Formen christlicher Askese setzen genau hier an und erklären die Sorge um die Bewahrung der Schöpfung (Welt) oder die Solidarisierung mit Armen und an den Rand der Gesellschaft Gedrängten zum Übungsweg. Zu einer solchen Ego-Askese zugunsten eines sozialen oder caritativen Engagements kann aber auch die Grundeinsicht monistischer Denkwege führen, die aus der universalen Verbundenheit alles Existierenden auch eine universale Verantwortung ableiten können. Und so bleibt letztlich die zu übende Praxis Brücke zwischen den Religionen, Philosophien und Weltanschauungen, auch wenn Gottesbild und Lehren divergieren.

Entgegen einer weit verbreiteten negativen Wahrnehmung der Askese kann die Askese auch in positiver Weise als »Kunst des einfachen Lebens« (Axel Michaels) betrachtet werden. Als solche stellt sie nicht nur eine Herausforderung auf dem spirituellen Weg dar, sondern übt auch nach außen eine provokante Kritik an Konsum und Bequemlichkeit. In der ihr zugrunde liegenden Ausrichtung auf ein Transzendentes, zeigt eine praktizierte Askese, dass das, was ist, nicht alles ist und setzt damit die Grundbedingung für Veränderung. Dieser (gesellschafts-)kritische Impetus eignet sowohl Mystik als auch Askese, was nicht zuletzt auch zu Auseinandersetzungen mit religiösen Institutionen führte.

Ohne den Mut zum Aufbrechen gibt es jedoch auch keine spirituellen Wege und so sei, um die Gedanken zum »Weg« zum Abschluss vom Kopf auf die Füße zu stellen, am Ende von den konkreten Geherfahrungen die Rede, aus denen sich die Wegmetapher in den Religionen speist. Dieses Gehen kann ein pilgerndes Gehen in Form einer Wallfahrt sein (z.B. auf dem Jakobsweg nach Santiago de Compostela, nach Jerusalem, nach Mekka, an den Ganges), es kann ein liturgisches Gehen sein, wie es in Prozessionen zu betrachten ist (z.B. katholische Fronleichnamsprozession, aber auch im Islam das kollektive Umrunden der *Kaaba* in Mekka), es kann aber auch ein meditatives Gehen sein wie das *Kinhin*, das den *Zazen* auf ganzheitliche Weise im Gehen weiterführt. Diese Übung im Gehen dient letztlich einer Erdung der Spiritualität, einer Verbindung mit der Natur und mit der Gemeinschaft der Weggefährten. Das Gehen sorgt dafür, dass Spiritualität ihre Bodenhaftung nicht verliert. Es verknüpft die Erfahrung des Transzendenten mit dem Hier und Jetzt, mit der konkreten, lebendigen Erfahrung. Das übende Gehen führt aus dem Leistungs- und Zweckmäßigkeitsdenken hinaus in die Erfahrung des Moments.

Welt (Natur, Kosmos)

(Miriam Münch)

Vgl. Begriff, Dualismus, Gebetspraxis, Gegenwart, Ich, Monismus, Religion, Übung, Vielheit

1. Der Begriff Welt

Mit *Welt* ist die Gesamtheit des Erscheinenden, mithin sogar die Gesamtheit des Seienden bezeichnet. Damit ist Welt zugleich die Voraussetzung alles endlichen Seienden und stellt sodann insbesondere die Bedingungen, unter denen sich Menschsein vollzieht. Dabei ist die Deutung dessen, was zur Gesamtheit alles Erscheinenden gehört, stark vom jeweiligen kulturellen, politischen, religiösen und wissenschaftlichen Kontext bzw. Wissen abhängig. Insbesondere die jeweiligen astronomischen Kenntnisse haben das Weltbild verschiedener Kulturen entscheidend geprägt und über seine Ausdehnung bestimmt. So umfasst der Begriff Welt heute meist mehr als den exakt zu definierenden Planeten Erde und bezieht sich in seiner weitesten Auslegung auf die Gesamtheit des physikalischen Universums. Trotz dieser umfassenden Bedeutung von Welt und der beinahe banalen Selbstverständlichkeit ihres Vorhandenseins als Bedingung der Möglichkeit von allem hat sich der Begriff in der Menschheitsgeschichte erst langsam herausgebildet. Archaische Kulturen kennen zunächst nur den Begriff der »Umwelt« im Sinne des Lebensraums, als den Kontext, in den sie eingebettet sind. Der Begriff Welt hingegen setzt als eine erste Abstraktion voraus, das vielheitliche Erscheinende um sich (Natur) und über sich (Himmel) auf einen umfassenden Begriff, Welt, zu bringen. Dieser Abstraktionsvorgang setzt die Fähigkeit voraus, sich selbst als getrennt wahrzunehmen von etwas Größerem, an dem man zwar Anteil hat, mit dem man aber nicht völlig identisch ist: Die Begriffsbildung von Welt macht einen Akt des Denkens erforderlich, das sich die Welt als einen Gegenstand gegenübersetzt. Dieser Gegenstand Welt wurde nun auf unterschiedliche Weise mythologisch, philosophisch und religiös interpretiert, wobei sich diese Betrachtungsweisen oft gegenseitig bedingen und durchdringen. In den meisten Kulturen gab die Naturbeobachtung, mithin die Beobachtung der Gestirne am Firmament, den Ausschlag für ein Nachdenken über die Welt. Dies kommt auch in dem berühmten Zitat des Philosophen KANT aus seiner *Kritik der praktischen Vernunft* zum Ausdruck, demzufolge »der bestirnte Himmel über mir« und das »moralische Gesetz in mir« die beiden Dinge sind, die das menschliche Nachdenken immer wieder anregen, mit denen es aber an kein Ende kommen kann und die ihn letztlich in »Bewunderung und Ehrfurcht« zurücklassen.

2. Die Welt als Kosmos

Bewunderung und Ehrfurcht ruft jedoch nicht allein die reine Größe, das unermessliche Ausmaß des Sternenhimmels hervor, in dessen Grenze der Betrachter die Grenze des Universums zu erkennen und ob der Dimension doch nicht zu erkennen glaubt, sondern der Eindruck des Wohlgeordnetseins nach einem ewigen Gesetz, das schon frühesten Kulturen anhand des Laufs der Sonne auffiel (z.B. *Stonehenge*), aber auch im Aufeinanderfolgen der Jahreszeiten und in den sich ständig wiederholenden Prozessen von Werden und Vergehen in der Natur. Diese gesetzmäßige, auch als harmonisch begriffene Ordnung wurde in der alten griechischen Philosophie als *Kosmos* bezeichnet. Bereits in der Lehrdichtung HESIODS (um 700 v.Chr.) steht der *Kosmos* für den aus der Abgrenzung von der chaotischen Urmaterie entstandenen, harmonisch geordneten Lebensraum des Menschen. Aus dem *Kosmos*-Begriff ergibt sich folgerichtig die Frage nach seiner Entstehung (Kosmogonie) sowie nach dem Aufbau (Kosmologie). Berühmte Aufzeichnungen von mythischen Kosmologien sind neben der *Theogonie* HESIODS das *Buch der Wandlungen* (*I Ging*), das die Kosmologie des alten China wiedergibt, und das babylonische Schöpfungsepos *Enuma Elisch*, das wohl starken Einfluss auf das biblische Buch *Genesis* ausgeübt hat. Während bei HESIOD und HERODOT eine religiöse Deutung als Ergebnis mythologischer Vorgänge vorherrschte, sahen die frühgriechischen Denker der Vorsokratik den begrenzten Kosmos als Teil eines Weltganzen und fragten nach dem Anfang von Allem (»ἀρχή«), dem Urprinzip, aus dem alles Weitere abgeleitet sei; mit dieser Frage nach dem Prinzip stehen die Vorsokratiker am Anfang der abendländischen Philosophie- und damit Wissenschaftsgeschichte, deren Gegenstand von Anfang an die Gesamtheit des Erscheinenden, mithin die Welt war. Der Gedanke einer geordneten Welt, eines *Kosmos*, brachte den Gedanken eines ordnenden Prinzips oder auch eines personalen Ordners hervor. Dies konnte wie im Alten Orient ein *Dschinn* sein, der für den eingeschränkten Geltungsbereich einer Oase die Ordnung garantiert. Als apersonales Prinzip verstanden, erfüllt das chinesische *dào* genau wie die griechische *dike* oder das altindische Ordnungsprinzip *rita* dieselbe Funktion. Aber auch die handwerkliche Auffassung ist ein weit verbreitetes Deutungsmuster, wie wir sie beim Philosophen PLATON mit seiner Vorstellung eines universalen »Weltenzimmerers« finden, der durch seine einheitsstiftende Vernunft das Prinzip der Ordnung ist. Bei PLATON ist der Kosmos-Begriff schon auf das »All«, das »Ganze« hin ausgeweitet. ARISTOTELES greift diese Lehre auf, interpretierte die Harmonie aber eher im Sinne physikalischer Abläufe und betonte die Ewigkeit des *Kosmos*, was zugleich die Existenz anderer Welten ausschloss. In der Spätantike kam dem Kosmos innerhalb pantheistischer Strömungen des Neuplatonismus beinahe religiöse Bedeutung zu. Mit der Umdeutung des griechischen *kosmos* in das lateinische *mundus* erfolgte eine weitere Akzentverschiebung in Richtung der bewohnten Welt als Synonym für die Gesamtheit der Menschheit. Während das griechische Denken, wie auch die meisten archaischen Kulturen, den Menschen als Mikrokosmos in einen Makrokosmos einordnete, den Fokus also auf die Erkenntnis (*logos*) des Prinzips der Ordnung legte, stellte die biblische Tradition den Menschen in das Zentrum der von Gott in einem einmaligen Akt geschaffenen Welt. Diese Vorstellung von einer Ewigkeit des *Kosmos* und damit auch der Materie wie auch sein Durchdrungen-Sein von einer göttlichen Vernunft machten den *Kosmos*-Begriff für die Philosophie des Mittelalters problematisch. Erst die astronomischen Entdeckungen der Neuzeit (z.B. durch NIKOLAUS KOPERNIKUS, JOHANNES KEPLER und GALILEO GALILEI) stellten die Weichen für eine Neukonzeption des Kosmosbegriffs und die Ablösung des geozentrischen Weltbildes. Die gegenwärtige naturwissenschaftliche Forschung, insbesondere die astronomische Forschung zur Entstehung des Weltalls, die Relativitätstheorie, aber auch Quantenphysik und Neurobiologie schafft einerseits eine Renaissance des Kosmos-Begriffs, stellt auf der anderen Seite jedoch das statische Verständnis einer kosmischen Ordnung in Frage, wie es auf die NEWTONSCHE Physik zurückgeht, und bringt mit der Ausdehnung des Universums die menschliche Unendlichkeitsvorstellung an eine Grenze des Denkens. So stellt sich das von der STOA bereits aufgeworfene Problem der Existenz paralleler Welten, sogar paralleler Universen erneut.

3. Natur, Zeit und Endlichkeit

Eng verbunden mit dem Begriff Welt ist der Begriff Zeit. Zum einen sind die Kategorien von Raum und Zeit unser Zugang zur Welt, in deren Form das menschliche Bewusstsein die Sinneseindrücke erlebt. Schon vor EINSTEINS allgemeiner Relativitätstheorie bezeichnete Kant Raum und Zeit als Konstrukte des Bewusstseins, die uns zwar empirische Forschung ermöglichen, von denen jedoch nicht gewusst werden kann, ob ihnen tatsächlich eine Welt als reales Objekt in Raum und Zeit entspricht. Und schon Augustinus wies auf den Unterschied von subjektivem und objektivem Zeiterleben hin. Zugleich wird an der Welt, insbesondere der Natur, die Vergänglichkeit alles irdischen Seienden deutlich. So geht das Wort Natur auch auf das lateinische Verb *nasci* zurück und trägt mit seiner Bedeutung *geboren werden* auch die Bedeutung von Vergänglichkeit in sich. Nicht umsonst wird das »Irdische« auch mit dem »Zeitlichen« gleichgesetzt, stirbt jemand, »segnet er das Zeitliche«. So wurden auch im altgriechischen Denken die Menschen schlechthin als »die Sterblichen« bezeichnet. Der erlebbaren und erlebten Endlichkeit wird so ein Unendliches gegenübergestellt, ein Träger des scheinbar unendlichen Prozesses von Werden und Vergehen. Nicht nur die Erfahrung des Wohlgeordnetseins (*kosmos*), sondern auch die Erfahrung der Endlichkeit lassen die Welt zu einer religiös gedeuteten Kategorie werden. Religion, verstanden als reflektierte Einsicht in den umfassenden Mangel an anwesender Gegenwart, hat ihren Ursprung im Wissen, dass eine unendliche Einheit Voraussetzung aller erscheinenden, endlichen Vielheit ist. Ahnenkulte als frühe Form der Religion machen deutlich, dass der Mensch gegen seine Endlichkeit angehen will und nach einer Möglichkeit sucht, die verstorbenen Familien- und Clanmitglieder weiterhin als Teil der Welt, also zur Summe dessen, was ist, gehörig zu begreifen und sich so in eine Gegenwart bei ihnen zu bringen. Mit Erweiterung des Geltungsbereiches einer Religion, vom eigenen Clan bis hin zur ganzen Welt, musste auch der Einflussbereich der Gottheit(en) wachsen, sodass letztlich ein weitverzweigter Götterhimmel oder ein einziges Prinzip geglaubt wurde, ein Gott, der in den theistischen Religionen die Toten zu sich holt und sie in einer anderen Welt weiterleben lässt. Eng damit verbunden ist der Begriff der Geschichte, die im Schöpfungsakt ihren Anfang nimmt und mit dem erhofften Ende der Welt, einem messianischen Zeitalter oder dem Weltgericht ihr Ende findet. Die Vorstellung von einem Leben nach dem Tod entspricht dem linearen Zeitverständnis westlicher Religionen, wohingegen in den östlichen Religionen und Philosophien der Gedanke der Wiedereinkleidung bzw. Reinkarnation mit einem zyklischen Zeitverständnis korrespondiert.

Der Verbindung des Begriffs Welt mit dem Begriff Zeit entspricht auch eine Abwertung des Weltlichen, die vielen Religionen eignet, sei es, weil das Warten auf eine kommende Welt eine Rolle spielt (z. B. Judentum, Christentum, Islam), sei es, weil der Welt aufgrund ihrer Vergänglichkeit ohnehin keine bleibende oder gar keine Wirklichkeit zukommt und das Anhaften nur Leid verursacht (z. B. Hinduismus, Buddhismus). So gibt es im Christentum die Vorstellung der irdischen Pilgerschaft, und auch im Islam wird die Welt als ein Ort der Bewährung gesehen. Oft wurde das Weltliche mit dem Fleischlichen identifiziert und dem Geistlichen bzw. Spirituellen gegenübergesetzt, was zu einer Abwertung des Leibes und seiner Vollzüge, so auch der Sexualität, führte. Diese Strömung findet sich bis heute in der Sexualmoral vieler Religionen, aber auch in der Tradition der asketischen Übung. In den östlichen Religionen ist es geradezu spirituell geboten, zu erkennen, dass die Erscheinungen, aber auch Vergnügungen der Welt nur Schein (*māya*) sind und durch ihre Vergänglichkeit Leid verursachen.

4. Schöpfung oder Weltwerdung: das Weltverständnis der Weltreligionen

Weltverständnis, Gottesverständnis und Menschenbild durchdringen und bedingen sich in den großen Religionen gegenseitig. Der größte Unterschied besteht dabei zwischen den monotheistischen Religionen, die die Entstehung der Welt als Schöpfung begreifen und der Religiosität der fernöstlichen Hochreligionen, wo eher das Modell einer Weltwerdung vorherrscht.

Das Verständnis der Schöpfung als freien Willensakt eines personal verstandenen Gottes wie es in den Schöpfungsberichten der Bibel, aber auch im Koran zum Ausdruck kommt, ist vor allem Ausdruck der übergroßen Schöpfermacht Gottes und seiner weltüberlegenen Souveränität. Im Gegensatz zu den mythologischen Kosmogonien der altorientalischen Umwelt (vgl. *Enuma Elisch*) entsteht die Schöpfung weder durch Zeugung noch durch einen Chaoskampf, sondern Gott ruft die Welt und alles in ihr durch sein schöpferisches Wort ins Leben, wie es im Koran heißt (Sure 16,40): »Unsere Rede zu einer Sache, wenn Wir sie wollen, ist, zu ihr zu sprechen: Sei! Und sie ist.« Und die Schöpfung *ist* nicht nur, sondern wird von Gott in der Heiligen Schrift (Gen 1) an jedem einzelnen Schöpfungstag auch als »gut« bezeichnet. Diese Schöpfungsberichte wollen weder mythologische noch naturwissenschaftliche Erklärungen der Weltentstehung sein, sondern konstruieren einen zeitlichen und materialen Anfang für die befreiende Erfahrung, die eine Gemeinschaft in der Geschichte mit ihrem rettenden Gott gemacht hat. Die Schöpfungsberichte feiern das Wunder, dass sich alles Seiende diesem Gott, der eine Beziehung zu den Menschen will, verdankt. Sie sind damit Glaubensaussage, Vertrauenszusage, zugleich aber auch die in den Psalmen ausformulierte Bitte, Gott möge die Schöpfung erhalten, wie er sie geschaffen hat. Sie formulieren aber auch eine Aufgabe an den Menschen, den so genannten Schöpfungsauftrag, die Erde zu gestalten, als freie Menschen, als Einheit von Leib und Seele und im Judentum und Christentum als »Gottes Ebenbild« (*imago dei*), im Islam als »Stellvertreter« (*ḫalīfa*) Gottes auszufüllen. Im Verständnis der Welt als Gottes guter Schöpfung und Ort der Beziehungsgeschichte Gottes mit den Menschen liegt ein großes spirituelles Potential. So bergen die Schönheit und die Vielfalt der Natur, aber auch die Einsicht in die Zweckmäßigkeit evolutiver Vorgänge, im konkreten Leben des Einzelnen immer wieder die Möglichkeit, die Größe des Schöpfers zu erahnen und sie sich in der Natur kontemplativ zu vergegenwärtigen, bis hin zur Naturmystik. Schöpfungslob und Dank für die Gaben sind damit auch ein wichtiger Aspekt monotheistischer Gebetspraxis.

Ganz anders finden Welt- und Menschenbild in Hinduismus und Buddhismus zueinander. Während in den theistischen Religionen ein Gegenüber von Gott und Welt zentraler Bestandteil ist, lehnen vor allem die hinduistischen *Advaita*-Schulen diese »Zweiheit« entschieden ab. Dem *Advaita-Vedanta* gilt alles Erscheinende als Ausprägung des einen, auch als Weltseele gedeuteten Prinzips *Brahman*, das als *Atman* den Wesenskern jedes Menschen ausmacht. Erlösung (*moksha*) entsteht durch die Erkenntnis der Nicht-Zweiheit, in der Einsicht, dass alles Erscheinende und das eigene Ich mit seinen Wünschen und Bedürfnissen nur eine Illusion ist (*māya*). Die Welt erhält jedoch eine Wertigkeit durch die monistische Vorstellung, dass alles mit allem verbunden und eins ist, alles ein Ausdruck *Brahmans* ist. Aus dieser universalen Verbundenheit von Gott, Mensch, Tier, Natur und Welt lassen sich umfassende ethische Folgerungen bis hin zu einem hohen Respekt vor der Natur und einer vegetarischen Lebensweise ableiten. Während die theistischen Religionen stets Gefahr laufen, die Schöpfung als ausschließlich auf den Menschen hin angelegt und ausgerichtet zu betrachten, ist der Mensch in der östlichen Religion und Philosophie vollständig in seine Umgebung integriert. Der Buddhismus geht hier sogar noch einen Schritt weiter und klammert deshalb die Frage nach der Weltentstehung programmatisch aus. So gehört sie zu den Fragen, die der *Buddha* ausdrücklich nicht beantwortet, da weder die Frage noch die Antwort etwas zur Aufhebung des Leids durch Beendigung des Anhaftens an der Welt beitragen.

5. Welterkenntnis

Ein Mangel an Anwesenheit entsteht auch deshalb, weil das menschliche Erkenntnisvermögen die Welt als ganze nicht erfassen kann; KANT begreift sie deshalb auch als eine Idee zur Vereinheitlichung und Systematisierung von empirischer Forschung und ein Postulat der praktischen Vernunft, als die Annahme eines allen Menschen gemeinsamen Ortes moralischen Handelns. Damit sind sowohl der »bestirnte Himmel über uns« als auch das »moralische Gesetz in uns« Faktoren, die unser Weltverständnis, unsere Weltkonstruktion prägen. Durch das astronomische Wissen der Gegenwart wird der Eindruck, die Dimensionen der Welt noch nicht einmal erahnen zu können, auch im Alltagsbewusstsein verstärkt. So bleibt das Dilemma des »kleinen Gott[s] der Welt« (GOETHE, *Faust*) bestehen, der (im Kontext eines westlichen Ich-Bewusstseins) nicht Natur ist und gerade genügend Vernunft besitzt, um die eigenen Bedingt- und Begrenztheiten zu erkennen, aber zu wenig, um sie zu durchbrechen. Während die aus der europäischen Aufklärung sich verstehende Philosophie, deren Menschenbild maßgeblich wurde für die Ausprägung moderner demokratischer Staaten, in der Fähigkeit des Menschen zu *erkennen* seine Mündigkeit, seine Autonomie und somit ein Freiheitsmoment verankerte, gibt es gegenwärtig unter dem Einfluss mancher Erkenntnisse der Neurowissenschaften die Tendenz, den Menschen wieder als ein Stück Natur zu betrachten. An die Stelle des Ich rückt dann ein neuronales Bedingungsgeflecht, das durch Umgebungsfaktoren vollständig determiniert ist. Damit entfällt das denkende Ich (*cogito*) als logisches Subjekt, das seit DESCARTES die neuere abendländische Philosophie prinzipiell bestimmt hat, aber auch das Subjekt moralischen Handelns. Wird dieser naturalistische Ansatz konsequent zu Ende gedacht, entfällt letztlich wieder der in der Reflexionsgeschichte der Menschheit so mühsam erarbeitete Begriff Welt als etwas vom Menschen

Unterschiedenes zugunsten der Vorstellung eines umfassenden Bedingungsgefüges.

Wissenschaft – Weisheit

Vgl. Meister-Schüler, Religion, Spiritualität, Verstand

1. Kennzeichen von Wissenschaft

Der abendländische Begriff von »Wissenschaft«, der das Wissenschaftsverständnis bis in die Neuzeit geprägt hat, wird durch die Einteilung menschlicher Wissensmöglichkeiten durch ARISTOTELES (384–322 v. Chr.) geprägt. Das Wort »Wissen« hat sprachlich eine Verwandtschaft zu dem entsprechenden griechischen Wort »*εἰδέναι*«, das »gesehen haben« = »wissen« bedeutet. Für dieses »Gesehen- haben« nennt ARISTOTELES drei aufeinander aufbauende Weisen menschlicher Kenntnisnahme: die durch wiederholtes Beobachten entstehende »Erfahrung« (»ἐμπειρία« – »Empirie«), sodann jenes Wissen, das die Ursache seiner Kenntnis weiß und daher auch sie anzuwenden weiß, die »Fertigkeit« (»τέχνη« – »Technik«), und schließlich die »Wissenschaft« (»ἐπιστήμη«), die nicht nur die Begründung ihrer Inhalte anzugeben weiß, sondern diese gemäß der Notwendigkeit. Dies soll besagen, dass Gründe und Inhalte der Wissenschaft notwendig »gesehen werden«, also gewusst werden können in der Weise, dass sie nicht nur Überzeugungskraft haben, weil sie gewogen machen, sondern weil sie unwiderlegbar sind. Daher gründet sich diese, das Abendland bestimmende und den Begriff von Wissenschaft sowohl festlegende wie auch einengende Bestimmung von »Wissenschaft« auf demjenigen Wissen, das nicht nur dem Einzelnen, sondern jedem verstandesbegabten Menschen »einsehbar« ist. So kann die Grundfrage des abendländischen Wissenschaftsbegriffs lauten: »Was können wir sicher wissen?« Damit ist Abstand vom sicheren Wissen des Einzelnen (»wir«) genommen, Abstand aber auch von einem Wissen, das nicht mit Notwendigkeit mitgeteilt werden kann (»wissen«), also nicht täuschungsfrei ist (»sicher«). Ein solches Wissen beruht auf Prinzipien, die nicht widerlegbar sein sollen, indem ihr Widerlegungsversuch ihren Inhalt voraussetzt. Als sicherstes und erstes dieser Prinzipien nennt ARISTOTELES das »Widerspruchsprinzip«, den »Satz vom zu vermeidenden Widerspruch«: »daß nämlich dasselbe zugleich zukommen und nicht zukommen kann demselben in selbiger Hinsicht: das ist unmöglich.« (*Metaphysik* 1005 b 19f.). Es ist also unmöglich, demselben Subjekt oder Sachverhalt kontradiktorische Prädikate gleichzeitig und in vollkommen gleicher Hinsicht zuzuschreiben, weil dann keine Aussage getroffen wird. Die Sicherheit dieses Verstandesprinzips ergibt sich aus der Unmöglichkeit seiner Widerlegung: Wer dieses Prinzip mit dem Prädikat »falsch« versehen will, will nicht gleichzeitig und in gleicher Hinsicht »richtig« sagen – er setzt also den Inhalt des Satzes beim Widerlegungsversuch als richtig voraus.

Dieses Verständnis von Wissenschaft hat das abendländische Wissenschaftsverständnis insofern geprägt, als das Verständnis von Wissenschaft damit an dem Denken notwendig zu vermittelnde Prinzipien gebunden war. So hat auch die mittelalterliche Epoche der abendländischen Wissenschaft »*scientia*« – »Wissenschaft« verstanden: als jene Art von Wissen, die durch ein erstes und unwiderlegbares Prinzip gesichert ist. Dieser Wissenschaftsbegriff verdankt sein Hervorkommen einer Kritik der »alten Wissenschaft«. Der dem Neuplatonismus zugeordnete, im dritten Jahrhundert nach Christus lebende Denker PLOTIN sieht: Das Prinzip der alten Epoche ist nicht vollkommen einheitlich, denn genau betrachtet untersucht es eine Zuordnungsproblematik, also minimal eine Zweiheit von einem Subjekt und einem Prädikat oder die Selbstwidersprüchlichkeit der beiden einander widersprechenden Prädikate. In jedem Fall aber wird eine Einheit vorausgesetzt: die des Subjekts und die jedes der Prädikate. Diese Einheit ist selbst ohne Prädikat, also absolut einfach und einheitlich, daher »jenseits« allen zuordnenden Denkens (vgl. PLOTIN, *Enneade III*, 8, 9, 1–25).

Und genau so ist dieser Begriff von »Einheit« als notwendige Voraussetzung allen Denkens zu begreifen. Diese Einheit wäre dem Menschen unzugänglich und unbekannt, »jenseitig«, denn menschliches Denken kennt kein Subjekt, dem man nicht ein Prädikat zuordnen, kein Prädikat, das man ohne Subjekt denken könnte, kennt nur Vielheit – außer eben diesem Begriff von »Einheit«, der weder mit Körpersinnen noch intellektuell zu erkennen ist. Auch intellektuell ist dieser Begriff nicht zu erkennen, weil in diesem Falle noch immer der Erkennende und das Erkannte, die »Einheit«, zusammen gedacht werden müssten, also wiederum die Einheit nicht ohne Beziehung gedacht werden kann. So kann diese Einheit zwar als notwendige Voraussetzung aller Vielheit begriffen, nicht aber selbst eingesehen werden. Und selbst diese Einsicht in die Notwendigkeit der Voraussetzung wäre ja nicht möglich – wie käme der Mensch auf diesen Gedanken – hätte sich diese Einheit nicht sich selbst in menschliches Bewusstsein im Gedanken der Notwendigkeit ihrer Voraussetzung für alles Denken gesenkt. Mit dem Auffinden dieses Prinzips der »jenseitigen Einheit« leistet PLOTIN zweierlei. Für die Philosophie: das Prinzip allen Denkens ist vollkommen einheitlich und als solches auch dem »Satz vom zu vermeidenden Widerspruch« vorausgesetzt. Es ist allerdings selbst nicht einsehbar, sondern »nur« in der Notwendigkeit seiner Voraussetzung erkennbar. Für die christlich-abendländische Theologie: die logische Denkmöglichkeit der Christologie und der Trinitätstheologie. So wird mit dem Prinzip der »jenseitigen Einheit« nicht nur ein sicheres Wissen begründet, sondern – im Selbstverständnis des Christentums – ein sicheres Wissen vom Heil des Menschen. Die Nähe von Philosophie und Theologie in der zweiten Epoche der abendländischen Wissenschaftsgeschichte wird somit gekennzeichnet und verständlich, das Christentum prägt diese Epoche maßgeblich. »Wissenschaft« ist demnach in dieser Epoche stets an das Prinzip des Einen, des hervortretenden Einen Gottes gebunden, und der Widerlegungsversuch gegen dieses Prinzip muss dieses notwendig voraussetzen, was seine Wahrheit erweist (vgl. ANSELM VON CANTERBURY, *Proslogion* 2).

Die dritte Epoche dieser Wissenschaftsgeschichte wird von DESCARTES eröffnet. DESCARTES tilgt dabei die »Unvollkommenheiten« der Prinzipien der alten und der mittleren Epoche. War das Prinzip der ersten Epoche zwar einsehbar und ließ eine Anwesenheit im Denken zu, so war es doch nicht vollkommen einheitlich; war das Prinzip der zweiten Epoche des abendländischen Denkens zwar vollkommen einheitlich, so war es doch nicht an sich selbst, sondern in der Notwendigkeit seiner Voraussetzung einsehbar, ließ also keine Anwesenheit im Denken zu. Das von DESCARTES heraufgeführte Prinzip aber ist vollkommen einheitlich und lässt Anwesenheit im Denken zu. Gemäß der ersten methodischen Vorschrift seines »Discours de la Méthode« nimmt DESCARTES nur das als wahres, sicheres Wissen, was nichts mehr in das Urteil nimmt als das, »que ce qui se présenterait si clairement et si distinctement à mon esprit, que je n'eusse aucune occasion de le mettre en doute« (*Discours de la Méthode*, ed. Adam & Tannery, S. 18). Allein die Möglichkeit, etwas zu bezweifeln, muß ausreichen, das Bezweifelte als falsch zu nehmen, um Wissen sicher zu gründen (*Principia philosophiae I*, ed. Adam & Tannery, S. 5). So muss nunmehr das Prinzip bewiesen werden, nicht mehr es sich selbst als Prinzip erweisen. In dieser Form von Wissenschaft kann daher auch »Gott« nicht mehr als Erstes Prinzip mit jener Sicherheit erscheinen, die beim Zweifel an diesem Prinzip eben dieses voraussetzt, da es ja die Möglichkeit gibt, seine Existenz zu bezweifeln. Wie es aber möglich ist, an Allem zu zweifeln, so ist es doch unmöglich zu bezweifeln, dass es beim Zweifel an Allem mit notwendiger Sicherheit ein zweifelndes Subjekt geben muss, denn auch der Zweifel daran setzt ein solches wiederum voraus (*Meditationes de Prima Philosophia II*, ed. Adam & Tannery, S. 26f.). Diese einfach erscheinende Erkenntnis begründet die gesamte neuere Wissenschaft, weil sie das zweifelnde, also denkende Subjekt an der logisch ersten Stelle sicheren Wissens, mithin als Prinzip erkennt. Das bedeutet: Der Mensch erscheint als Herr seiner eigenen Urteile, die er logisch selbst zu sichern weiß. Damit wird jeder mögliche Gegenstand menschlichen Wissens eben diesem Urteil unterworfen, so dass auch »Gott« nicht mehr die Voraussetzung dieses Urteils, sondern Objekt dieses Urteils wird. So werden auch alle Religionen und Kulturen – auch die christliche Religion – menschlich selbstbestimmtem Urteil unterworfen.

Diese Unterwerfung unter das menschliche selbstbestimmte Urteil führt zur Aufklärung, indem das Prinzip menschlicher Selbstgewissheit als Grund menschlicher Freiheit verstanden wird: »Für diese Aufklärung aber wird nichts erfordert als Freiheit.« So Kant in seinem berühmten Aufsatz »Beantwortung der Frage: Was ist Aufklärung?« (IMMANUEL KANT, *»Beantwortung der Frage: Was ist Aufklärung?«*, S. 484). Dieser Aufsatz beginnt: »**A u f k l ä r u n g ist der Ausgang des Menschen aus seiner selbst verschuldeten Unmündigkeit. Unmündigkeit** ist das Unvermögen, sich seines Verstandes ohne Leitung eines anderen zu bedienen. Selbstverschuldet ist diese Unmündigkeit, wenn die Ursache derselben nicht am Mangel des Verstandes, sondern der Entschließung und des Muthes liegt, sich seiner ohne Leitung eines anderen zu bedienen. Sapere aude! Habe Muth dich deines **eigenen** Verstandes zu bedienen! ist also der Wahlspruch der Aufklärung.« Und gegen Ende dieses Aufsatzes heißt es nochmals deutlich, was Ursache der genannten Unmündigkeit ist, aus der sich der Verstand befreien solle: »Ich habe den Hauptpunkt der Aufklärung, d.i. des Ausgangs der Menschen aus ihrer selbst verschuldeten Unmündigkeit, vorzüglich in Religionssachen gesetzt ...«

Hier wird deutlich, wie sich der Abschied des Prinzips der zweiten Epoche, das ja als »Leitung« von Allem galt, vollzogen hat. Sich seines Verstandes zu bedienen, »sapere aude!« [»Wage zu wissen!«], ist Kennzeichen des »aufgeklärten Zeitalters«, das noch nicht erreicht ist: »Daß die Menschen, wie die Sachen jetzt stehen, im ganzen genommen, schon imstande wären oder darin auch nur gesetzt werden könnten, in Religionsdingen sich ihres eigenen Verstandes ohne Leitung eines anderen sicher und gut zu bedienen, daran fehlt noch sehr viel ...« (KANT, a.a.O. S. 491). So wird Aufklärung als Phase der dritten Epoche dieser Art von Philosophie im Abendland Ausdruck für den Gebrauch des freien, sich selbst setzenden Verstandes des Menschen, und dies nicht zuletzt gegenüber jener Epoche, die das Prinzip der Religion als Voraussetzung des Verstandes und seiner Setzung genommen, weil ihr gegeben, angesehen hatte.

Damit aber wird auch »Wissenschaft« als Begriff, der sich auf feste Prinzipien – etwa »Gott« – stützt, verändert, indem nunmehr das menschliche Urteil in seiner eingeräumten Begrenztheit und Verbesserungsfähigkeit Ausgangspunkt von »Wissenschaft« wird: Hypothesen und Axiome begründen forthin Wissenschaft, deren Geltung auf Bewährung angelegt ist. Diese Art von Wissenschaft, sei es die überkommene, sei es die neuere, nimmt ihren Ausgang von kommunikablen Voraussetzungen. So erhält sie die Bedeutung eines Wissens, das nicht nur Einzelnen, sondern allen Verständigen zugänglich ist, aber stets auf mögliche Korrektur angelegt bleibt. Die menschlichem Verstand zugeordnete Sicherheit von Wissenschaft ist damit nicht zeitlos mehr gegeben. Menschliche Wissenschaft bedarf der »Wissenschaft Gottes«, die die ältere Tradition für sicher hielt und deren Kenntnis als sicher galt, nicht mehr: Als der Mathematiker und Astronom Pierre-Simon

Laplace (1749–1827) im Jahre 1799 die gerade erschienenen ersten beiden Bände seines vierbändigen Werkes »Méchanique céleste« (»Himmelsmechanik«) Napoleon übereichte und dieser ihn fragte, weshalb er Gott darin nicht einmal erwähnt habe, soll Laplace die berühmte Antwort gegeben haben: »Sire, je n'avais pas besoin de cette hypothèse« (»Mein Herr, ich hatte keinen Bedarf an dieser Hypothese«).

In Kritik des abendländischen Begriffs von Wissenschaft, zumal im 19. Jahrhundert, wurde vorgetragen, dass dieser Wissenschaftsbegriff zwar den menschlichen Verstand und dessen Verstandeslogik berücksichtige, nicht aber andere, »tiefere« Möglichkeiten menschlichen Sinnens. Im Zuge dieser Kritik wurde auch der Begriff der »Weisheit« wieder bedacht, dessen Implikationen den Begriff von »Wissenschaft«, wie er in abendländischer Tradition gebraucht werde, ausweiteten. Nicht zuletzt wurden dabei jene Lehren herangezogen, die mit der beginnenden genaueren Bekanntschaft nichteuropäischer Traditionen Eindruck gemacht hatten, aber auch jene spirituellen Traditionen abendländisch-christlicher Herkunft, die als zu wenig beachtet galten. Innerhalb globaler Kenntnisse von Denkmöglichkeiten unterschiedlicher Kulturen und Religionen wird daher das abendländisch-christliche Verständnis von Wissenschaft, auch mit deren Kritik, als ein Segment eines Wissenschaftsbegriffes verstanden, das zwar globale Wirkung, nicht aber globales Einvernehmen beanspruchen könne.

2. Kennzeichen von Weisheit

»Weisheit« ist in der abendländischen Tradition jene Art des Wissens, das in der altgriechischen Tradition zunächst als »σοφία« – »Sophia« begegnet. Dies Wort hat, wie »Weisheit« selbst, sehr verschiedenartige Bedeutungen, die in kaum überschaubarer Literatur gewürdigt worden sind. Und doch lassen sich Kennzeichen von »Weisheit« erheben, die innerhalb von Religionen und deren Spiritualität Geltung haben mögen. Zunächst ist Weisheit jene Art des Wissens, die über die kommunikable Verstandeslogik hinaus eine Art Einblick in jenes erstliche und einheitliche Wissen vermittelt, das ganzheitlich, einheitlich des Menschen Denken und Tun bestimmt. Daher wird ersichtlich, dass diese »Weisheit« prinzipiell den Göttern, dem Gott zugedacht wird, sodann aber auch jenen Menschen, die Anteil an dieser einheitlichen und über den diskursiven Verstand reichenden Weise des beschauenden Denkens haben.

Weisheit ist demgemäß, religiöser und spiritueller Deutung folgend, eine Art von Einsicht des Denkens, das zwar lehrbar, nicht aber wie Wissenschaft notwendig zu vermitteln ist. So erscheint sie als geistiges Vermögen, auch jene dem Verstand widersprüchlich erscheinenden oder dem Verstand unzugänglichen Erfahrungen zu erkennen und in Lebenspraxis umzusetzen. Sie erweist sich als eine zunächst der Vereinzelung, dem Einzelnen – sei es Gott, sei es Mensch – eigene Kenntnis und deren Äußerung, die ihrer Vereinzelung wegen nur schwer, idealiter wiederum nur auf einen Einzelnen (*Meister-Schüler*), übertragbar ist. Auch dabei ist die einheitliche, aller Gegensätze oder gar Widersprüche ledige Kenntnis allein Ausdruck von Weisheit: Uneinheitliches Denken oder Tun widersprechen dieser, wobei die Einheitlichkeit auf die Prinzipien des Denkens und Handelns bezogen ist, also auch auf die konkrete Form, nicht aber den konkreten Inhalt. Damit wird Weisheit zu einem reflektiven, den Weisen selbst umgreifenden Begriff, der nicht ohne diese Beziehung sein kann (vgl. PLATON, *Apologie* 22 d f.), weil die Trennung von Wissen und Handeln eine Entzweiung darstellte.

Eben daher ist im Judentum die Weisheit bei Gott selbst: »Alle Weisheit stammt vom Herrn, und ewig ist sie bei ihm.« (Sir 1,1), denn Er ist der vollkommen Einheitliche (Dtn 6,4), und der »Herr hat mich [die Weisheit] schon gehabt am Anfang seiner Wege, ehe er etwas schuf, von Anbeginn her.« (Prov 8,22). Daher wird Weisheit von Gott selbst verliehen, wie die Erzählung von Salomo lehrt (vgl. 2 Chr 1,7 ff.). Dies ist die Weisheit, Gerechtigkeit zu üben, Wissen und Handeln zu einer Einheit zu verbinden, wie ja bei Gott selbst Weisheit des Herrschens im Sinne des Ausgleichs der Gerechtigkeit liegt (vgl. Hesekiel 28,2ff.).

So ist es auch für das Christentum nahe liegend, Christus, der von Anbeginn bei Gott war, als Weisheit selbst zu predigen: »Denn die Juden fordern Zeichen und die Griechen fragen nach Weisheit, wir aber predigen den gekreuzigten Christus, den Juden ein Ärgernis und den Griechen eine Torheit; denen aber, die berufen sind, Juden und Griechen, predigen wir Christus als göttliche Kraft und göttliche Weisheit.« (1 Kor 1,22f.). So ist es »Christus Jesus, welcher uns gemacht ist von Gott zur Weisheit und zur Gerechtigkeit und zur Heiligung und zur Erlösung« (1 Kor 1,30f.). Auch Christus wird als vollkommene Einheit, als Vollkommenheit begriffen, und diese einheitliche Vollkommenheit findet lehrenden Ausdruck in Weisheit, die auch Widersprüchliches – so den erscheinenden Widerspruch zwischen Gerechtigkeit und Barmherzigkeit (vgl. Joh 8,1–11) – zur Einheit zu bringen vermag.

Die strenge Lehre des Islam von der Einzigkeit und Einheit Gottes erlaubt nicht, ihn selbst als »Weisheit« zu verstehen; aber er ist es, der Weisheit verleiht an die Propheten, so an Jesus, der im Koran spricht: »Wahrlich, gekommen bin ich zu euch mit der Weisheit, um euch einiges von dem zu erklären, worüber ihr uneins seid.« (Koran 43,63). Auch hier ist Weisheit Einheit und einheitsstiftend, und ebenso wird sie auf Muhammad herabgesandt (vgl. Koran 4,113): »Rufe zum Weg deines Herrn mit Weisheit und schöner Ermahnung und streite mit ihnen auf die schönste Art« (Koran 16,125), wobei Gott die Weisheit gibt, wem er will (Koran 2,269). Weisheit ist auch hier jenes Vermögen, Streitiges und Widersprüchliches zur Einheit zu bringen, und dies bekräftigt auch die islamische Theologie, dem Prophetenwort folgend: »Die Weisheit ist das, was der Gläubige beharrlich sucht. Suche sie, und wäre es auch beim Ungläubigen!« (zit. nach RICHARD GRAMLICH, *Alte Vorbilder des Sufitums. Zweiter Teil: Scheiche des Ostens.* Wiesbaden 1996, S. 36), denn »Die Weisheit ist das Licht, das zwischen der Eingebung (des Engels, *ilhām*) und der Einflüsterung (des Teufels, *waswās*) unterscheidet.« (GRAMLICH, a.a.O. S. 224).

»Weisheit« (»*prajnā*«) ist auch ein zentraler Begriff indischer Religiosität im Hinduismus. Hier aber ist sie eine einzuübende, selbst zu erlangende Qualität, die wiederum auf Einheit ausgerichtet ist. So spricht Krishna in der »Bhagavad Gītā«: »Von viererlei Art sind Menschen, die Gutes tun, sie verehren mich in Liebe … Unter ihnen ragt heraus der Weise, der ein beständig geeintes Bewusstsein hat und mich ungeteilt verehrt. Denn lieb bin ich besonders dem Weisen, und lieb ist er mir… Den Weisen aber betrachte ich als mein Selbst. Fest gegründet in geeintem Sein sucht er in mir allein sein höchstes Ziel.« (BHAGAVAD GĪTĀ, 7,16–18). Weisheit tritt nicht in Vielheit, Weisheit ist Einheit mit sich selbst und Einheit mit Allem. Schon im Yoga-Sutra, dem PATANJALI (wohl 2. Jhd. v.Chr.) zwar zugeschrieben, wohl aber etwa im 4.–6. Jh. n.Chr. in vorliegender Fassung entstanden, findet sich »Weisheit« (»*prajnā*«) entsprechend genannt: Wenn die Vollkommenheit der Einheit bewirkenden Kontemplation (»*samādhi*«) erreicht ist, ist die »ruhige Anschauung der Weisheit« (»*prajnā-āloka*«) gegeben (vgl. PATANJALI, *Yoga-Sutra* III,5). Vor allem aber in den monistischen Advaita-Wegen der Upanishaden, die eine Einheit von Atman und Brahman lehren, ist diese Einsicht »Weisheit«. Weisheit also führt zu Erlösung und ist damit aller Wissenschaft überlegen, weil absolute Einheit stiftend.

»Weisheit«, so lehrt für den Buddhismus der Buddha, »dient zur Durchschauung, dient zur Durchdringung, dient zur Entsagung« (*Majjhimanikāyo* V,43). Zu durchschauen ist vor allem die Struktur des Daseins als eines Vergänglichen und damit Leidbringenden, »Unwissenheit« darüber entfaltet die Kette des »Bedingten Entstehens« von allem. Weisheit selbst aber ist schließlich auch zum »Erlöschen« zu bringen, indem sie keinen Rezipienten, keinen »Weisen« als substanziellen Träger haben kann. So wird die in Weisheit verwahrte Einheit selbst noch aufgehoben. Im Mahāyana-Buddhismus gilt: »Prajñā ist eine der sechs Tugenden der Vollkommenheit (*pāramitā*), die ein Bodhisattva auf seiner Laufbahn zu entwickeln und zu vervollkommnen hat. Ist er in allen sechs Tugenden ausreichend geschult, so kann er sicher sein, daß er schließlich Erleuchtung erlangen wird.« (Daisetz Teitaro Suzuki, *Prajna. Zen und die Höchste Weisheit.* Bern 1990, S. 37). In Schulen des Zen-Buddhismus kann Weisheit als Einsicht in die Nicht-Dualität, also Einheit von Subjekt und Objekt verstanden werden, mithin identisch mit »Erleuchtung« (vgl. Suzuki, a. a.O. S. 43ff.).

3. Wissenschaft und Weisheit

Für den spirituellen Weg der genannten Religionen ist übereinstimmend »Weisheit« dem Begriff von »Einheit« zugewandt und folglich der Vielheit von »Wissenschaft« überlegen. Es kann auch eine Weisheit in der Wissenschaft geben (vgl. Thomas von Aquin, *Summa Theologiae* I,1,3; I,1,6), zumal wenn diese von Gott dem Einen handelt. Gleichwohl suchen die Spiritualität und die Mystik »Weisheit«, um in den Genuß vollkommener Einheitlichkeit und Einheit zu kommen (vgl. Meister Eckhart, *Deutsche Predigt 59*, ed. Quint).

Hinweise zum Weiterlesen

Achtsamkeit

NYANAPONIKA, Geistestraining durch Achtsamkeit. Die buddhistische Satipaṭṭhāna-Methode. Konstanz 3.A. 1984

THÍCH NHẤT HANH, Das Wunder der Achtsamkeit. Stuttgart 2002.

Erfahrung

WILLIAM JAMES, Die Vielfalt religiöser Erfahrung. Eine Studie über die menschliche Natur. Frankfurt am Main / Leipzig 2005.

RICHARD SCHAEFFLER, Erfahrung als Dialog mit der Wirklichkeit: eine Untersuchung zur Logik der Erfahrung. Freiburg i. Br. 1995.

Erkenntnis

KLAUS MÜLLER, Gott erkennen. Das Abenteuer der Gottesbeweise. Regensburg 2001.

DAISETZ TEITRO SUZUKI, Satori. Der Zen-Weg zur Befreiung. Bern 1953.

Gebet

SCHALOM BEN-CHORIN, Betendes Judentum. Die Liturgie der Synagoge. Tübingen 1980.

ULRICH BERNER/CHRISTOPH BOCHINGER/RAINER FLASCHE (Hrsg.), Opfer und Gebet in den Religionen. Gütersloh 2005.

MAGNUS STRIET (Hrsg.), Hilft Beten? Schwierigkeiten mit dem Bittgebet. Freiburg i. Br. 2010.

Gelassenheit (Freiheit)

EUGEN HERRIGEL, Zen in der Kunst des Bogenschießens. Weilheim/Obb. 13.A. 1970.

ERIK A. PANZIG, Gelâzenheit und Abegescheidenheit. Eine Einführung in das theologische Denken des Meister Eckhart. Leipzig 2005.

Ich

KLAUS MÜLLER, Wenn ich »ich« sage. Studien zur fundamentaltheologischen Relevanz selbstbewusster Subjektivität. Freiburg i. Br. 1994.

Kontemplation

IGNATIUS VON LOYOLA, Geistliche Übungen. Nach dem spanischen Autograph übersetzt von Peter Knauer SJ. Würzburg 1988.

Dietmar Mieth, Die Einheit von vita activa und vita contemplativa in den deutschen Predigten und Traktaten Meister Eckharts und bei Johannes Tauler. Regensburg 1969.

Meditation

Heinz Hilbrecht, Meditation und Gehirn. Alte Weisheit und moderne Wissenschaft. Stuttgart 2010.

Klaus Engel, Meditation. Geschichte, Systematik, Forschung. 2. A., stark erw. und überarb., unter Mitarb. von Dorothea u. Joachim Galuska. Frankfurt a. M. 1999.

Georg Schmid, Meditation in Ost und West. Wien 1984.

Meister – Jünger

Martin Buber, Die Erzählungen der Chassidim. Zürich 2003.

Gertrude Sartory/Thomas Sartory, Die Meister des Weges in den großen Weltreligionen. Freiburg i. Br. 1981.

Wolfgang Siepen, Weg der Erkenntnis – Weg der Liebe. Grundzüge eines Vergleichs des spirituellen Meister-Schüler-Verhältnisses beim Buddha und bei Pachomius. Mainz 1992.

George Steiner, Der Meister und seine Schüler. München 2004.

Richard Wagner, Die Meistersinger von Nürnberg. Textheft. Stuttgart 1986.

Monismus

Arnher E. Lenz (Hrsg.), Darwin, Haeckel und die Folgen. Monismus in Vergangenheit und Gegenwart. Neustadt am Rübenberge 2006.

Raimundo Panikkar, Das Göttliche in Allem. Der Kern spiritueller Erfahrung. Freiburg i. Br. 2000.

Mystik

Michael von Brück, Bhagavad Gītā. Der Gesang des Erhabenen. Aus dem Sanskrit übersetzt und herausgegeben. Frankfurt 2007.

Richard Gramlich, Islamische Mystik. Sufische Texte aus zehn Jahrhunderten. Stuttgart 1992.

Nyanatiloka, Visuddhi-Magga oder der Weg zur Reinheit. Konstanz 2.A. 1952.

Annemarie Schimmel, Wie universal ist die Mystik? Die Seelenreise in den großen Religionen der Welt. Freiburg i. Br. 1996.

Gershom Scholem, Die jüdische Mystik in ihren Hauptströmungen. 6. A. Frankfurt a.M. 1996.

WOLKE DES NICHTWISSENS und BRIEF PERSÖNLICHER FÜHRUNG. Übersetzt von Willi MASSA. Mit einer spirituellen Hinführung hrsg. von Willigis JÄGER. Nachwort von Bernhard UHDE. Freiburg i. Br. 2011.

Mythos

HANS BLUMENBERG, Arbeit am Mythos. Frankfurt a.M. 1979.

KURT HÜBNER, Die Wahrheit des Mythos. Freiburg i. Br. 2011.

KARL KERÊNYI, Die Eröffnung des Zugangs zum Mythos. Darmstadt 1989.

Religion

MIRCEA ELIADE, Geschichte der religiösen Ideen (4 Bde.). Freiburg i. Br. 2002.

ERNST FEIL, Streitfall »Religion«. Diskussionen zur Bestimmung und Abgrenzung des Religionsbegriffs. Münster 2000.

HANS-MICHAEL HAUSSIG, Der Religionsbegriff in den Religionen. Studien zum Selbst- und Religionsverständnis in Hinduismus, Buddhismus, Judentum und Islam. Berlin 1999.

WALTER KERBER, Der Begriff der Religion. München 1993.

Ritus

DR. M. LEHMANN, Hagadah schel Peßach. Basel 1962.

STEPHAN LOOS / HOLGER ZABOROWSKI (Hrsg.), »Essen und Trinken ist des Menschen Leben«. Zugänge zu einem Grundphänomen. Freiburg 2007.

GEO WIDENGREN, Religionsphänomenologie. Berlin 1969.

Seele

KARL-HEINZ WOLLSCHEID, Seele und Geist – früher und heute. Die platonische und die aristotelische Seelentheorie, ihre Entwicklung in der Theologie- und Philosophiegeschichte, heutige Theorien über Seele, Geist und Gehirn. Berlin 2009.

Spiritualität

ARMIN BETTINGER, Leben im Alltag der Gegenwart. Herausforderung an die christliche Spiritualität. Würzburg 1995.

WILLIGIS JÄGER, Aufbruch in ein neues Land. Erfahrungen eines spirituellen Lebens. 2. A. Freiburg i. Br. 2003.

Sprache

KLAUS BAYER, Religiöse Sprache. Münster 2004.

WERNER SCHÜSSLER (Hrsg.), Wie läßt sich über Gott sprechen? Von der negativen Theologie Plotins bis zum religiösen Sprachspiel Wittgensteins. Darmstadt 2008.

Tod

GUNTHER STEPHENSON (Hrsg.), Leben und Tod in den Religionen. 2. A. Darmstadt 1985.

Verstand

FRIEDHART KLIX, Die Natur des Verstandes. Göttingen 1992.

Wahrheit

MARKUS ENDERS / JAN SZAIF (Hrsg.), Die Geschichte des philosophischen Begriffs der Wahrheit. Berlin 2006.

Weg

WILLIGIS JÄGER, Kontemplation – Ein spiritueller Weg. Freiburg i. Br. 2010.

KAKICHI KADOWAKI, Erleuchtung auf dem Weg. Zur Theologie des Weges. München 1993.

WILLI LAMBERT, Beten im Pulsschlag des Lebens. Gottsuche mit Ignatius von Loyola. Freiburg i. Br. 1997.

AXEL MICHAELS, Die Kunst des einfachen Lebens. Eine Kulturgeschichte der Askese. München 2004.

ANNEMARIE SCHIMMEL, Mystische Dimensionen des Islam. Köln 1985.

Welt

RÉMI BRAGUE, Die Weisheit der Welt. Kosmos und Welterfahrung im westlichen Denken. München 2006.

THOMAS GÖRNITZ/BRIGITTE GÖRNITZ, Der kreative Kosmos. Geist und Materie aus Information. Heidelberg/Berlin 2002.

ADEL THEODOR KHOURY/PETER HÜNERMANN, Wie sollen wir mit der Schöpfung umgehen? Die Antwort der Weltreligionen. Freiburg i.Br. 1987.

PETER KOSLOWSKI (Hrsg.), Gottesbegriff, Weltursprung und Menschenbild in den Weltreligionen. München 2000.

EBERHARD SCHOCKENHOFF/MAX G. HUBER (Hrsg.), Gott und der Urknall. Physikalische Kosmologie und Schöpfungsglaube. Freiburg i. Br. 2004.

Wissenschaft – Weisheit
THOMAS S. KUHN, Die Struktur wissenschaftlicher Revolutionen. Frankfurt a. M. 1967.
RAIMUNDO PANIKKAR, Einführung in die Weisheit. Freiburg i. Br. 2002.
GERT SCOBEL, Weisheit. Über das, was uns fehlt. Köln 2008.

Zur Lektüre empfohlene Quellentexte

BHAGAVAD GĪTĀ. Der Gesang des Erhabenen. Aus dem Sanskrit übersetzt und herausgegeben von M. v. BRÜCK. Frankfurt 2007.

DIE BIBEL. Die Heilige Schrift des Alten und Neuen Bundes. Vollständige deutsche Ausgabe. Freiburg 2005.

MARTIN BUBER, Die Erzählungen der Chassidim. Zürich 1949.

JOHANNES VOM KREUZ, Sämtliche Werke in 5 Bänden. Übersetzt und herausgegeben von Ulrich Dobhan, Elisabeth Hense, Elisabeth Peeters. Freiburg i. Br. 1995–2000.

RICHARD GRAMLICH, Muḥammad al-Ġazzālīs Lehre von den Stufen zur Gottesliebe. Die Bücher 31–36 seines Hauptwerkes eingeleitet, übersetzt und kommentiert. Wiesbaden 1984.

RICHARD GRAMLICH, Islamische Mystik. Sufische Texte aus zehn Jahrhunderten. Stuttgart 1992.

J.W. HAUER, Der Yoga. Ein indischer Weg zum Selbst. 2.A. Stuttgart 1958.

EUGEN HERRIGEL, Zen in der Kunst des Bogenschießens. Weilheim/ Obb. 13.A. 1970.

IGNATIUS VON LOYOLA, Geistliche Übungen. Nach dem spanischen Autograph übersetzt von Peter Knauer SJ. Würzburg 1988.

DER KORAN. Übersetzung A. M. KARIMI. Hrsg. von BERNHARD UHDE. Freiburg 2009.

MEISTER ECKHART, Deutsche Predigten und Traktate. Hrsg. und übers. Von Josef Quint. München 1963.

NYANAPONIKA, Geistestraining durch Achtsamkeit. Die buddhistische Satipaṭṭhāna-Methode. Konstanz 3.A. 1984

NYANATILOKA, Visuddhi-Magga. Konstanz 2. A. 1952.

DER PALI-KANON. Die Reden Gotamo Buddhos aus der mittleren Sammlung Majjhimanikayo des Pali-Kanons, übers. von KARL EUGEN NEUMANN. 3 Bd. Zürich 1956–1957.

HELLMUT RITTER, Das Meer der Seele. Mensch, Welt und Gott in den Geschichten des Farīduddīn ʿAṭṭār. Leiden 1955.

DIE SCHRIFT. Aus dem Hebräischen verdeutscht von Martin Buber gemeinsam mit Franz Rosenzweig. Stuttgart 1992.

DAISETZ TEITRO SUZUKI, Satori. Der Zen-Weg zur Befreiung. Bern 1953.

TERESA VON AVILA, Gesammelte Werke in 5 Bänden. Übersetzt und herausgegeben von Ulrich Dobhan, Elisabeth Peeters. Freiburg i. Br. 2002–2011.

WOLKE DES NICHTWISSENS und BRIEF PERSÖNLICHER FÜHRUNG. Übersetzt von Willi MASSA. Mit einer spirituellen Hinführung hrsg. von Willigis JÄGER. Nachwort von BERNHARD UHDE. Freiburg 2011.

Begriffsverzeichnis

Obwohl nicht als eigener »Grundbegriff« behandelt, sind die im folgenden Verzeichnis aufgenommenen Worte und Begriffe von Bedeutung für das Verständnis von Spiritualität und Mystik. Die im Buch behandelten 24 Grundbegriffe werden nicht mehr aufgeführt.

Der Klassiker der Kontemplation

Wolke des Nichtwissens
Der Klassiker der Kontemplation
Mit dem »Brief persönlicher Führung«
Hg. von Willigis Jäger
ca. 240 Seiten | Gebunden mit Schutzumschlag
ISBN 978-3-451-61075-2

Wer eine präzise und lebensnahe Anleitung zur Kontemplation sucht, findet sie in der »Wolke des Nichtwissens«, geschrieben im 14. Jahrhundert von einem christlichen Meister. Hier – und in dem ebenfalls abgedruckten »Brief persönlicher Führung« – ist ein sehr modern anmutender Weg beschrieben, der zur Wiedervereinigung des Menschen mit seinem göttlichen Urgrund führt. Mit einer spirituellen Hinführung des Zenmeisters Willigis Jäger OSB und einem die Grundzüge dieser Mystik klärenden Nachwort von Bernhard Uhde.

KREUZ

In jeder Buchhandlung oder unter
www.kreuz-verlag.de

Was Menschen bewegt